NOTIONS ÉLÉMENTAIRES

DE

GRAMMAIRE HISTORIQUE

DE LA LANGUE FRANÇAISE

RÉDIGÉES CONFORMÉMENT AUX DERNIERS PROGRAMMES

A L'USAGE

DES ÉTABLISSEMENTS D'ENSEIGNEMENT SECONDAIRE

ET DES ASPIRANTS AU BREVET SUPÉRIEUR DE L'ENSEIGNEMENT PRIMAIRE

PAR

Marius MICHEL

AGRÉGÉ DE L'UNIVERSITÉ, PROFESSEUR AU LYCÉE DE LYON (SAINT-RAMBERT)

PARIS

LIBRAIRIE CLASSIQUE EUGÈNE BELIN

Vᵉ EUGÈNE BELIN ET FILS

RUE DE VAUGIRARD, Nᵒ 52

1884

Tout exemplaire de cet ouvrage non revêtu de ma griffe
sera réputé contrefait.

Eug. Belin

SAINT-CLOUD. — IMPRIMERIE Vᵉ EUG. BELIN ET FILS.

AVERTISSEMENT

Présenter de la manière la plus claire possible un résumé de ce qui a été écrit jusqu'ici sur l'histoire de la langue française, en abordant même quelques points de grammaire comparée, expliquer plusieurs problèmes grammaticaux insolubles sans l'histoire de la langue [1], tel est notre but. Nous n'avons pas la prétention de remplacer les savants ouvrages dont nous nous sommes inspiré, et nos nombreux renvois prouveront que nous n'avons voulu que préparer à l'étude de traités plus développés.

Ces *notions élémentaires* ont déjà paru dans le journal *l'Instruction primaire* (5ᵉ et 6ᵉ années); l'accueil qu'on a bien voulu leur faire nous a engagé à les revoir soigneusement et à les réunir en ce modeste volume. Elles sont rédigées en parfaite conformité avec les programmes du 2 août 1880 pour l'enseignement secondaire classique et du 9 août 1881 par les écoles normales primaires. Nous avons multiplié les exemples en les empruntant surtout à la *Chanson de Roland* et à *l'Histoire de saint Louis* par *Joinville*, parce que ces ouvrages sont entre les

---

1. Pourquoi le pluriel des substantifs a-t-il *s* pour caractéristique, tandis que que dans les verbes il se fait en *ns, es, nt*? Pourquoi *grand'mère* et *grande maison*? etc.

mains des élèves et que nous voudrions les encourager à les lire. Nous en avons aussi emprunté un grand nombre au *Choix de textes de l'ancien français du x° au xi° siècle*, publié par M. Aubertin, le savant auteur de l'*Histoire de la langue et de la littérature françaises au moyen âge.*

En somme, nous avons condensé ce qu'on ne trouverait qu'avec beaucoup de travail dans des ouvrages spéciaux, dispendieux et souvent difficiles à se procurer. Notre ambition est d'être utile; notre désir, que ce petit livre soit un guide pour les uns, un memento pour les autres.

NOTIONS ÉLÉMENTAIRES

DE

GRAMMAIRE HISTORIQUE

CHAPITRE PREMIER

Les mots sont des sons distincts et articulés dont les hommes ont fait des signes pour exprimer leur pensée. C'est, dit M. Max Müller[1], la pensée revêtue d'un corps. Si nous considérons un mot en lui-même, le mot *inscrivons*, par exemple, et si nous le décomposons, nous trouvons :

1° Une idée principale exprimée par une certaine partie du mot ;

2° Des idées accessoires exprimées par les autres parties.

Dans *inscrivons*, **scri** exprime l'idée générale d'écriture. C'est ce qu'on appelle la *racine ;* **in**, **vons** expriment les idées accessoires du lieu et du temps où l'action se fait, et de la manière dont elle se fait. « Ces lettres s'appellent en
» général *affixes*, du latin *adfixa*, parce qu'elles s'ajoutent
» à la racine ; mais on les appelle plus particulièrement
» *préfixes* (*præ*, *fixa*), quand elles précèdent la racine ;
» *suffixes* (*sub*, *fixa*), quand elles la suivent ; *formatives*
» ou *caractéristiques*, quand elles donnent à un mot la
» forme qui caractérise le temps, le mode, la voix, etc., à
» laquelle il appartient ; *terminaisons* ou *désinences*, quand
» elles sont à la fin d'un mot et qu'elles caractérisent le
» cas, le nombre, la personne. Enfin tous ces change-
» ments se nomment *flexions* ou *inflexions* grammaticales,

---

1. M. Müller, *Science du langage*, neuvième leçon.

» parce qu'ils *fléchissent* en quelque sorte la racine pour
» la faire passer d'un sens vague à un sens précis et
» déterminé[1]. »

Donc les éléments qui entrent dans la composition d'un mot sont :

I. La *racine*, syllabe brève, invariable, qui exprime une idée distincte, commune à un certain nombre de mots qu'elle sert à former. Elle exprime l'*état le plus abstrait*, et sans indication accessoire de temps, de lieu, de personne ou de nombre, une *idée générale*. **Scri**, par exemple, que nous avons vue dans *inscrivons*, se retrouve dans le latin *scriptura, scribere*, etc.; elle exprime l'idée d'écrire. La racine **ar** exprime, dans les mots où elle se rencontre, l'idée de labourage : instruments *aratoires*[2]. On donne à ces syllabes le nom de *racines*, parce que c'est d'elles que sont sortis, comme autant de tiges, les divers mots simples qui ont produit à leur tour des rejetons, qu'on appelle dérivés. **Scri** se retrouve dans *inscrire, inscription, écrit, écriture*, etc. **Ten** se retrouve dans *tendre, tente, tendon ; attendre, attente, attention, attentionné, attentif ; content, contention ; étendre, extension ; détendre, distendre, entendre ; intention ; prétendre, prétention ; retenir, rétention ; tenir, tenue ; attenir ; obtenir, obtention ; contenir, contention ; retenir, retenue ; abstenir ; détenir ; appartenir, soutenir, soutenance ; tenter, tentation, tentateur ; tenace, ténacité ; teneur ; ténor ; ténu, ténuité ; tendre* (adj.), *tendresse, attendrir, attendrissement*. Sous la forme **tin**, cette même racine a donné *abstinence, continence, continent, continu, continuel ; pertinent, impertinent, impertinence* ; sous la forme **tan**, *tétanos* ; **ton**, *tonner, tonnerre, détoner, détonation, étonner, étonnement ; ton, détonner ; tonique, tonifier*.

De la racine **cap** viennent *cape, caparaçon, chappe, chapiteau, chapelle, chapelain, chapelet, chapellenie ; cha-*

---

1. Egger, *Notions de grammaire comparée*, ch. IV.
2. Une autre racine **ar** exprime une idée d'harmonie, d'adaptation, et se trouve dans *art, artisan, inerte, harmonie*, etc.

peau, chaperon, chapelier, chapellerie, capuche, capucin, capeline; capital, cheptel; chef, cap, chapitre, chapitrer, capiteux; caporal, capitaine; captal, récapituler; caboche; décapiter; méchef (mauvaise action) *acabit; capituler; capitulation;* etc., etc.

De la racine **spec** ou **skep** : *aspect, respect* et ses dérivés, *spectacle, spectateur, spectre, dépit* (anciennement *despit*), *perspicacité, perspective, expectant, expectative, suspect, soupçon* (primitivement *souspeçon*), *circonspect, espion, épier* (espier), *espiègle, spécifier, specimen, spécial* et ses dérivés, *spéculer* et ses dérivés, *épices* (espices), *spécieux, sceptique, épiscopat,* enfin *évêque*[1] (d'abord *évesque*), où l'accent circonflexe est le seul vestige de la racine.

La racine est nécessairement monosyllabique[2]. On peut toujours prouver que les racines composées de plus d'une syllabe sont dérivées, et, même dans les racines monosyllabiques, il faut distinguer ce qu'on appelle les racines premières, secondaires et tertiaires.

Les *racines premières* se composent :

1° D'une voyelle ; par exemple : *i*, aller ;

2° D'une voyelle et d'une consonne ; par exemple : *ad*, manger ;

3° D'une consonne et d'une voyelle ; par exemple : *da*, donner.

Les *racines secondaires* se composent :

D'une consonne, une voyelle et une consonne ; par exemple : *tud*, frapper. Dans ces racines, la première ou la dernière consonne sert, par les modifications qu'elle subit, à marquer les différentes nuances du sens général que conserve l'idée première que rappelle la racine en question.

Les *racines tertiaires* se composent :

1° De deux consonnes suivies d'une voyelle : *plu*, couler ;

1. En grec *episkopos* ; en latin *episcopus* ; évesque ; en espagnol *obispo* ; en portugais *bispo* ; en danois *bisp* ; en anglais *bishop* ; en allemand *bischof*.
2. Max Müller, *Science du langage*, septième leçon.

2° D'une voyelle suivie de deux consonnes: *ard*, blesser;
3° De deux consonnes, une voyelle, et deux consonnes: *spand*, trembler.

Les racines premières sont les plus importantes pour l'histoire des commencements du langage ; mais leur force d'affirmation étant généralement trop indéterminée pour satisfaire aux progrès de la pensée, elles ont bientôt été envahies et presque supplantées par les racines secondaires et les racines tertiaires.

II. Les *affixes*, éléments scondaires, qui s'ajoutent ou devant la racine (*préfixes*), ou après la racine (*suffixes*). Le caractère propre des affixes est d'exprimer une certaine idée, toujours la même, quelle que soit la racine à laquelle on les joint. La réunion des affixes à la racine forme le *radical*. Le radical diffère donc de la racine en ce qu'il contient de plus qu'elle les affixes. Il est, à proprement parler, ce qui reste d'un mot quand on en retranche la *désinence*.

La *désinence* ou *terminaison* marque les variations du rôle que joue, dans le discours, l'idée marquée par la racine. Elle sert à la déclinaison et à la conjugaison. Dans les substantifs, les adjectifs et les pronoms, elle marque les nombres et les cas ; elle est dite alors *désinence casuelle*. Dans les verbes, elle marque les nombres et les personnes ; elle est dite *désinence personnelle*.

Le radical s'appelle aussi *thème*. C'est la forme fondamentale du mot, celle qui demeure intacte et invariable lorsqu'on élimine toutes les lettres ou syllabes qui marquent les accidents de la déclinaison et de la conjugaison. « C'est, dit M. Michel Bréal, un mot prêt à recevoir sa désinence casuelle, mais non encore revêtu de cette désinence[1]. »

En résumé, le radical est la part commune à toutes les formes d'un même mot ; la désinence est l'élément variable qui différencie chacune de ces formes ; la racine est la part commune à tous les mots d'une même famille ; les affixes

---

[1]. Introduction au deuxième volume de la grammaire de Bopp, p. xxx.

sont les éléments variables qui distinguent chacun de ces mots.

On divise les racines en racines *verbales* ou *attributives*, et *pronominales* ou *démonstratives*.

On appelle *racines verbales* ou *attributives* celles qui marquent une action ou un état d'une manière absolument indéterminée, c'est-à-dire sans indiquer le temps, le lieu, la personne ou le nombre ; *i*, aller ; *es*, être ; *spec*, regarder ; *da*, donner ; **spec**, contient l'idée de *voir*, mais sans indiquer s'il s'agit d'une personne qui voit, ou d'une chose que l'on voit, et sans faire comprendre de quelle manière, en quel temps, en quel lieu. Aussi cette racine peut-elle devenir l'élément essentiel d'un verbe à ses divers temps aussi bien que d'un nom. La racine **ar** est aussi attributive, parce que dans quelque composé qu'elle entre, le grec *aratron* (charrue), *tri-er-es* (vaisseau à trois rangs de rames), le latin *ar-atrum* (charrue), *ar-vum* (champ labourable), le français *ar-atoire*, elle rappelle une seule et même idée, celle de la charrue, et par une association d'idées facile à comprendre, celle du navire qui trace un sillage dans la mer, comme la charrue un sillon dans le champ.

Les racines *pronominales* ou *démonstratives* désignent les personnes ou les choses, les idées de genre, de nombre, etc. Elles sont peu nombreuses et très simples.

On a reconnu que, dans la formation des langues, les racines passaient par trois périodes successives :

1° La *période proprement dite des racines* ; pendant cette période, les racines se juxtaposent sans se joindre, chacune d'elles conserve sa pleine indépendance [1].

C'est la période de *juxtaposition*.

2° La *période des désinences* est la seconde période. On voit alors les racines s'unir pour former des mots com-

---

[1] « C'est l'enfance du langage ; il n'y a que le chinois qui se soit arrêté à cette première période ; il nous présente l'état le plus primitif où nous puissions imaginer que le langage ait existé... Ainsi en chinois *avec un bâton* se dit *y câng*. Dans cette expression *y* est une racine ; ce même mot employé comme verbe signifierait *se servir*. » (Max MULLER, *Science du langage*, p. 348 et 365.)

plexes, avec cette particularité remarquable que l'une des deux demeure intacte, pendant que l'autre s'altère et perd sa forme primitive.

« Les mots de ces langues se prêtent toujours à une décomposition facile ; et, bien qu'il s'en faille beaucoup que les terminaisons aient toujours conservé leur valeur significative comme mots indépendants, on sent encore qu'elles sont des syllabes modificatives, distinctes des racines auxquelles elles s'ajoutent[1]. » Ces langues se caractérisent donc par l'*agglutination* des racines.

3° Dans la *période des flexions*, les racines verbales et les racines pronominales se fondent au point qu'aucune d'elles ne conserve plus son indépendance : « Elles ne font plus qu'un seul corps, un mot unique, vivant d'une même vie, et soumis dans son ensemble à toutes les causes d'altération qui transforment le son[2]. » C'est à cette période qu'appartiennent les langues indo-européennes et les langues sémitiques : c'est la période de *fusion*.

Les racines passent donc par trois périodes dans le développement du langage : période de *juxtaposition*, période d'*agglutination*, période de *fusion* ou de soudure.

Les éléments *formateurs* des mots sont donc la *racine* et les *affixes*, éléments qui, eux-mêmes, se composent de voyelles qui, seules ou avec les consonnes, concourent à former les syllabes.

Dans chaque mot de plusieurs syllabes, l'une de ces syllabes est toujours prononcée avec plus de force, plus d'intensité : elle est dite frappée de l'*accent tonique*. Les mots d'une seule syllabe eux-mêmes sont frappés de cet accent, et, dans un groupe de monosyllabes, l'un s'assourdit pendant que le suivant est accentué :

> Le *jour* n'est *pas* plus *pur* que le *fond* de mon *cœur*.
>
> (RACINE.)

L'*accent tonique* consiste donc dans l'intensité d'émission de la voix sur une des syllabes d'un mot ; la syllabe

1. Max Muller, p. 71.
2. A. Bailly, *Manuel pour l'étude des racines grecques et latines*, p. 210.

que frappe cet accent, c'est-à-dire sur laquelle la voix se porte avec intensité, est dite *accentuée* ou *tonique*; les autres sont dites non accentuées ou *atones*[1].

Il ne faut pas confondre l'accent tonique avec l'*accent grammatical*, qui marque certaines variétés de prononciation de voyelles et qui n'existait pas en latin; ni avec l'*accent oratoire*, qui consiste dans les diverses inflexions données à la parole par la pensée et le sentiment; ni avec l'*accent provincial*, qui consiste dans la prononciation lente ou vive des mots ou des phrases[2], selon les localités; ni enfin avec l'*accent prosodique* ou *quantité* qui marque la durée du son, c'est-à-dire l'émission plus ou moins prolongée de la voix sur une voyelle qui est dite alors longue ou brève, tandis que l'accent tonique marque, ce qui est bien différent, que la voyelle frappée est d'une tonalité plus aiguë.

En d'autres termes, *l'accent tonique exprime non la durée, mais l'acuité du son*, et son nom lui vient précisément de ce qu'il produit une sorte de chant (*accentus* vient de *ad* et de *cantus*) par le mélange des sons aigus avec les sons graves[3].

L'accent tonique a donc pour fonction spéciale de marquer l'unité du mot; suivant l'expression d'un grammairien ancien, Diomède (cinquième siècle), il est *l'âme du mot*. C'est si vrai que dans certaines langues, en anglais, par exemple, un déplacement de l'accent tonique entraîne une différence de signification. Il concentre en lui toute la force d'expression, assure l'unité des diverses parties du mot. Il ne peut donc y avoir dans un mot qu'une seule syllabe réellement accentuée.

Il est vrai que, dans les mots composés, il y a certains accents secondaires, conservés des mots composants;

---

1. *Atones*, de *a* privatif et *tonos*, ton.
2. « Un Gascon vous demande « Comment vous portez-vous ? » d'un ton gai, vif et animé, qui se relève sur la fin de la phrase; le Normand dit la même chose d'un son de voix languissant, qui s'élève sur la pénultième et retombe sur la dernière, à peu près du même ton que le Gascon se plaindrait.» MAR-MONTEL, *Éléments de littérature*, au mot *Accent*.
3. Bailly, *Manuel pour l'étude des racines*, p. 199.

mais l'unité d'accentuation n'en souffre pas ; la voix passe légèrement sur les accents secondaires pour réserver toute son intensité pour la syllabe affectée du véritable accent tonique. Dans le mot *porte-plume*, par exemple, les mots composants *porte* et *plume*, pris séparément, ont chacun leur accent placé sur la pénultième ; en prononçant *porte-plume*, l'accent de *porte* a à peu près disparu, et nous ne faisons sentir réellement que celui qui frappe l'*u* de *plume*.

En latin l'accent tonique obéit aux règles suivantes :

1° Tous les mots, même ceux d'une syllabe, sont accentués.

2° Les polysyllabes n'ont qu'*une seule* syllabe accentuée :

a) Les mots de deux syllabes ont l'accent sur la première : *Róma* ;

b) Les mots de plus de deux syllabes ont l'accent sur la pénultième si elle est longue : *imperátor* ; sur l'antépénultième, si la pénultième est brève : *dóminus*.

D'où il suit que l'accent tonique se déplace dans le même mot suivant les différentes formes qu'il peut revêtir. Par exemple, *imperátor* a l'accent sur la pénultième *rá* ; *imperatórem* le prend sur *tó*. Dans *dóminus*, l'accent est sur *dó* ; dans *dominórum*, il est sur *nó*.

En français, l'accent tonique, moins apparent qu'en latin, occupe une place invariable :

1° Il est sur la dernière syllabe du mot, quand la terminaison est masculine : *tèrminaisón*, *oraisón*[1] ;

2° Il est sur l'avant-dernière, quand la terminaison est féminine : *fémme*, *syllábe*.

Les mots se divisent en *simples*, *dérivés*, *composés*, *juxtaposés :* — ils sont *simples*, quand ils ne renferment qu'une racine, qu'elle soit ou non accompagnée d'affixes ; — *dérivés*, quand ils ne se rattachent à la racine que par un autre mot simple ou par un radical déjà formé : *historien* est dérivé de *histoire ;* — *composés*, quand plusieurs

---

1. Nous marquons d'un accent aigu la syllabe frappée de l'accent tonique, bien que l'accent aigu soit réservé pour un autre usage ; nous ferons de même pour les mots latins, quoique les signes orthographiques, appelés *accents*, soient inconnus en latin.

mots concourent à les former en s'unissant l'un à l'autre au moyen d'un changement qui fait perdre à chacun d'eux ou à l'un d'eux seulement la forme ou le sens qu'il aurait s'il était employé seul : *économe*, du grec *oikos*, maison, et *nemô*, distribuer ; *agronome*, de *agros*, champ, et *nemô*; *surtaxe*, *surnom* ; — *juxtaposés*, lorsque, en s'unissant, ils conservent la forme et la valeur qu'ils avaient séparément : *porte-drapeau*, *perce-oreille*, *essuie-main*.

Remarquons que plus une langue est ancienne et moins elle est développée, plus le système de composition et de dérivation est ordinairement méthodique, uniforme et facile à saisir; parce que les mots ou les formes qui ajoutent à l'idée principale exprimée par la racine l'une ou l'autre idée accessoire y sont moins nombreux et ont éprouvé par l'usage moins de changements [1].

Les mots composés, en passant d'une langue à une autre, perdent souvent un de leurs éléments de composition et deviennent des mots simples ; par exemple, *juge* vient de *judicem*, composé de *jus* et de la racine *dic*, du verbe *dicere*, dire, et signifie étymologiquement, « celui qui dit la loi, qui proclame le droit. »

Les mots se divisent aussi en *variables* et *invariables*. De *travail* on a fait *travaux*; d'*adoucir*, *adouci*, j'*adoucirai*. Au contraire, les mots *de*, *dans*, *pour*, *parmi*, et beaucoup d'autres demeurent comme ils sont, et ne peuvent souffrir aucun changement.

CHAPITRE II

Sommaire. — Origine du français : le latin. — Langues néo-latines. — Du celtique; son influence sur la formation du français. — Des invasions romaines en Gaule. — Du latin populaire. — Des invasions germaniques et de leur influence sur la formation du français.

Le français [2] vient du latin, ce qui lui a fait donner le nom de langue *néo-latine*, qu'il partage avec l'italien,

1. Burggraff, *Principes de grammaire générale*, p. 206.
2. Sur ce mot, V. ch. IV, p. 48. On appelle particulièrement *roman* l'idiome néo-latin parlé en Gaule du dixième au quatorzième siècle.

l'espagnol, le portugais et le valaque[1]. Le latin était la langue que parlait, dans la partie de l'Italie ancienne appelée *Latium*, le peuple romain ; d'où le nom de *langues romanes* (*lingua romana*) donné aux idiomes qui résultèrent de la décomposition du latin, idiomes qui n'étaient plus le latin à proprement parler, et dont l'un, en Gaule, devint le français.

Le développement de la puissance romaine fut en même temps celui de la langue latine, qui, peu à peu, envahit toute l'Italie, puis les contrées voisines, et spécialement le bassin de la Méditerranée.

Lorsque les légions de César parvinrent en Gaule, la langue parlée par les Gaulois était le *celtique*, dont on croit retrouver quelques débris en Bretagne, dans le pays de Galles et en Cornouailles.

César, dans ses *Commentaires* sur la guerre des Gaules (livre Ier, ch. 1er), a signalé la diversité des idiomes qui se parlaient en Gaule à l'époque de la conquête romaine : « L'ensemble de la Gaule, dit-il, se divise en trois parties : l'une est habitée par les Belges, l'autre par les Aquitains, et la troisième par ceux qui, dans leur langue, s'appellent Celtes, et que nous appelons Gaulois. Tous ces peuples diffèrent entre eux par le *langage*, le gouvernement et les lois. »

Les différences qui existaient entre les idiomes parlés par ces peuples étaient assez considérables. L'aquitain ou le dialecte celtique parlé entre la Garonne et les Pyrénées, tenait moins du gaulois proprement dit que de l'ibère, qui, de nos jours encore, subsiste probablement dans la langue basque. Le belge et le gaulois, au contraire, ne paraissent avoir eu qu'une simple différence d'accent. L'historien latin Tacite, dans la *Vie d'Agricola* (ch. x), nous dit que la langue de la Grande-Bretagne ne différait

---

1. Les populations que nous appelons *Valaques* s'appellent elles-mêmes *Romani*, et leur langue *Romania*. Cette langue romane est parlée en Valachie, Moldavie et certaines parties de la Hongrie, de la Transylvanie et de la Bessarabie. Mais elle s'est trouvée de bonne heure séparée des communications avec l'ensemble latin. La langue des Grisons de la Suisse porte encore le nom de *romanche*, et, sur les frontières du Tyrol, dans l'Enggadine, est aussi appelée quelquefois le *ladinique, latinicum*. (Max Muller, *Sc. du lang.*, 240.) — Quant au portugais, il est compris, comme le catalan, dans le domaine espagnol.

pas sensiblement de celle des Gaulois. On peut donc en conclure que, au centre et au sud de la Gaule, on parlait un idiome qui présentait partout les mêmes caractères essentiels, attestait une commune origine[1].

Quelles traces le gaulois ou celtique a-t-il laissées dans le français ?

Nous avons perdu à peu près toute connaissance des formes et de la constitution grammaticale de cette langue. Quatre cent trente mots celtiques environ nous ont été conservés par des citations d'auteurs anciens. A cette liste on peut ajouter quatre cents mots relevés sur les monnaies gauloises, sans parler d'un grand nombre de noms de lieux, de rivières, de montagnes, de villes qui nous présentent des éléments celtiques. Mais les mots gaulois subirent la transformation latine avant de passer dans la langue romane. C'est ainsi que *dun*, qui signifie élévation, colline, et que nous retrouvons dans *dune*, est devenu *dunum*, qui sert à composer *Castellodunum* (Châteaudun), *Augustodunum* (Autun), *Dun-le-Roi* (Cher), etc.[2]. Les conquérants donnèrent des terminaisons latines aux mots exprimant certaines coutumes, certaines armes particulières aux Gaulois, et ces mots obéirent, pour passer en français, aux lois et aux transformations que subit le latin pour devenir la langue romane ou roman.

La langue grecque elle-même, bien qu'implantée dans le midi de la France par les Phocéens, fondateurs de Marseille, bien qu'elle y ait été fort parlée, n'a fourni que peu de chose, et encore les mots qui nous en sont restés ne se sont-ils introduits en français qu'en passant par le latin: *Bocal*, *bourse*, viennent du grec *baukalion*, *bursa*, par l'intermédiaire des mots latins *bocalem*, *byrsam*[3]. Ce n'est

1. Ch. Aubertin, *Histoire de la langue et de la littérature françaises*, t. 1er, p. 7.

2. *Dun* se retrouve dans l'italien *dune*, l'espagnol et le portugais *duna*, l'anglais *down* ; il existe encore dans les langues celtiques : en irlandais, *dûn*, ville fortifiée ; en gaélique, *dun*, tas, colline ; en kymri, *din*, ville fortifiée. (Littré, *Histoire de la langue française*, t. 1er, p. 44.) — Cf. d'Arbois de Jubainville, *Introd. à l'étude de la littérature celtique*, p. 25 et suiv.

3. Nous marquons d'un astérisque (*) les mots qui n'appartiennent pas à la latinité classique, c'est-à-dire qui sont archaïques ou empruntés à la basse latinité.

qu'à partir du quatorzième, et surtout du seizième siècle, que les savants, pour exprimer des idées ou des choses nouvelles, empruntèrent directement au grec, comme au latin, les mots dont ils avaient besoin.

Le latin est donc la grande source d'où découle le français. Les Romains avaient commencé par s'emparer du bassin du Rhône, qu'ils réduisirent en province romaine (*provincia*, Provence). Ils y avaient été appelés par la colonie phocéenne de Marseille pour la protéger contre les Ligures 153 ans avant Jésus-Christ; puis ils cherchèrent à conquérir ce riche pays. César, qu'on avait envoyé comme proconsul dans les Gaules, en moins de dix ans, au dire de l'historien grec Plutarque, prit d'assaut plus de huit cents villes, soumit trois cents peuplades, et combattit, en plusieurs batailles rangées, contre plus de trois millions d'ennemis (58 à 50 av. J.-C.).

Restait à administrer le pays conquis, et le latin devint la langue officielle, dans laquelle on rendait la justice, et dont on se servait pour les actes publics ou privés. Mais ce n'est pas au latin officiel ni au latin littéraire, c'est-à-dire ni au latin des actes administratifs ni au latin dont se servaient les écrivains célèbres, qu'il faut faire remonter le français : c'est au latin des soldats romains, non à la langue de César et de Cicéron. La langue des soldats romains ne ressemblait pas plus au latin littéraire que le français de nos soldats ne ressemble à celui de Bossuet ou de Racine. Les légions romaines étaient composées, non plus seulement de Romains, mais aussi d'Illyriens, d'Espagnols, d'Africains, qui parlaient entre eux leur langue et savaient fort peu ou fort mal le latin. Dans ce mélange de toutes les langues se trouvaient évidemment des locutions bizarres, des formes très éloignées de la pureté de la langue. En outre, dans leurs pérégrinations dans les diverses parties du monde, les vétérans avaient recueilli sans doute certaines locutions peu conformes au génie de la langue latine, et s'en servaient ordinairement, comme nos soldats d'Afrique se servent de mots arabes. Ajoutons à cela qu'ils ne parlaient évidemment que le latin plébéien, le latin rustique, c'est-à-dire le langage du peuple, de la boutique, des champs, qui différait du latin littéraire que nous étudions encore, absolument comme, de nos jours, le français du village ou celui de l'atelier diffère de celui de l'Académie.

Pendant que ce latin vulgaire, bâtard, passait dans la masse du peuple et lui faisait peu à peu oublier le celtique[1], le latin élégant, pur, pénétrait dans les hautes classes gauloises, et devenait la langue préférée de l'aristocratie. Il était de bon ton de parler latin, de s'habiller à la romaine, comme, à Rome, il était de bon ton de parler grec, et, comme chez nous, il l'a été d'émailler sa conversation tantôt de mots italiens, au seizième siècle, par exemple, tantôt, comme dans ce siècle-ci, de mots anglais.

La politique romaine profitait habilement de cette mode. Sans doute, pour affaiblir l'esprit national des Gaulois et déraciner leurs croyances religieuses, Tibère proscrivait le druidisme, et Claude en poursuivait les derniers restes jusque dans l'île de Mona (aujourd'hui Man); mais Claude était né à Lyon, avait été nourri dans les Gaules, qui étaient, pour ainsi dire, sa patrie adoptive, et il accorda à toutes les villes gauloises le droit de cité romaine pour ceux de leurs habitants qui parleraient latin, droit précieux pour des vaincus, quand on sait tous les privilèges attachés au titre de citoyen romain[2]. « Tout poussait les vaincus à se » jeter dans les bras que Rome leur ouvrait : la nécessité, » l'ambition, les affaires comme les plaisirs, le service » militaire, les charges publiques, ajoutons le goût de la » nouveauté, le culte de la force, ce défaut si gaulois, » l'instinct imitateur signalé par César... Suivant l'exemple » donné depuis longtemps par le midi, ils adoptèrent la

1. « Cependant le celtique n'était pas totalement oublié. Plus d'un paysan, capable de parler latin, en l'écorchant un peu, aimait mieux s'exprimer en gaulois ; comme aujourd'hui, dans le midi, les gens du peuple, tout en comprenant le français, préfèrent se servir de leur patois provençal ou languedocien. » (AUBERTIN, ouvrage cité, p. 40.)

2. Le citoyen romain, ou celui à qui on en conférait les droits, avait la jouissance exclusive du droit romain privé ou public. Celui qui n'était pas citoyen n'était réputé ni mari ni père ; il ne pouvait être ni propriétaire ni héritier. — Pour plus de détails, cf. Fustel de Coulanges, *Cité antique*, liv. V, ch. II, § 5 ; Mispoulet, *Institutions politiques des Romains*, t. II, ch. XVII.

» langue du vainqueur, avec ses lois, sa religion, ses
» mœurs, sa littérature, ses dignités, ses titres et ses ri-
» chesses[1]. »

Au deuxième siècle, les rhéteurs et les grammairiens
grecs et latins affluent à Lyon, à Bordeaux, à Autun. Les
poètes Ausone, Rutilius, essaient de marcher sur les traces
des poètes romains, et si leurs œuvres n'ont pas cette élévation de la pensée, cette simplicité de forme, cette pureté
de langue que nous admirons chez les écrivains du siècle
d'Auguste, elles sont cependant très importantes ; car elles
nous offrent « comme un reflet de la civilisation brillante
» et corrompue que Rome avait propagée dans les
» Gaules[2]. »

N'oublions pas de signaler l'influence de la prédication
du christianisme sur l'extension du latin populaire. Parlant au peuple, aux esclaves, les apôtres qui apportaient
en Gaule le flambeau de la vérité et d'une civilisation
nouvelle devaient évidemment se servir d'expressions
familières à leurs auditeurs ; et eux-mêmes, le plus souvent issus d'une humble origine, n'auraient pu parler
d'autre langage que celui des petits et des humbles.

Grâce à cette triple influence, influence *militaire* de la
conquête, influence *politique* de l'administration et des
coutumes, influence *religieuse* de la prédication du christianisme, le latin pénétra dans les mœurs et transforma
même les mots celtiques. Ajoutons à ces influences la
nécessité des relations et des affaires ; remarquons, avec
M. Villemain[3], que la loi parlait latin ; que pour traiter
avec le vainqueur, pour lui demander grâce, pour obtenir
la remise de l'impôt, toujours il fallait le latin ; alors nous
ne serons plus étonnés de la disparition du celtique, qui
n'existait presque déjà plus comme langue religieuse
ni langue poétique : les druides et les bardes avaient
disparu. Les mots périrent avec les choses mêmes qu'ils
exprimaient, et, d'un bout à l'autre du monde, Rome

1. Aubertin, ouvrage cité, p. 20.
2. *Ibid.*, p. 32.
3. Villemain, *Histoire littéraire du moyen âge*, p. 6-9.

imposa aux nations vaincues, non seulement sa domination, mais encore sa langue. De l'extrémité de l'Armorique aux colonnes d'Hercule, des bouches de l'Ister jusqu'aux sables inhabitables de l'Afrique, le latin régnait en maître. Lorsque saint Augustin voulait rappeler un vieux proverbe carthaginois à ses auditeurs d'Hippone, il était obligé de le leur traduire en latin. Il n'y a donc plus qu'un peuple, le peuple romain; qu'une langue, la langue romaine.

Un élément perturbateur va interrompre cette filiation directe du roman à l'égard du latin : c'est l'influence du *tudesque* ou des idiomes germaniques en usage chez les Barbares. Au quatrième siècle, les empereurs romains formèrent des sortes de cohortes auxiliaires qu'ils recrutèrent chez les Germains soumis à leur domination. Chacun de ces corps spéciaux gardait ses usages, ses lois, sa langue, et élisait ses chefs. Puis, pour compléter les cadres vides des légions, on y fit entrer des Germains, qui prirent une certaine habitude du latin des camps et y firent passer des expressions germaniques qui revêtirent une forme et une désinence latines. Par le latin du cinquième et du sixième siècle, les langues néo-latines reçurent des importations tudesques; c'était une sorte « d'alluvion germanique. »

Remarquons que les importations germaniques furent beaucoup plus fortes en Gaule que dans les autres nations soumises à la puissance romaine[1].

Elles nous ont fourni quelques centaines de radicaux[2]; ce sont pour la plupart des titres de *dignités* ou des noms *d'institutions* : *échevin, marquis, maréchal, ban, gabelle;*

---

1. La plupart des mots germains incorporés au latin ont passé simultanément dans les langues néo-latines. Ainsi :

Helm a donné en français *heaume*, en provençal *elme*, en italien *elmo*, en espagnol *yelmo*;

Brand (l'ancien français *brand*, épée, d'où *brandir*), en provençal *brand*, en italien *brando*;

War, en français *guerre*, en provençal *guerra*, en italien *guerra*, en espagnol *gerra*.

Hring (cercle), en français *haranguer*, en provençal *arengua*, en italien *aringa*, espagnol *arenga*;

Herberg, en français *auberge*, provençal *alberc*, italien *albergo*, espagnol *albergue*. (LITTRÉ, *Histoire de la langue française*, t. Ier, p. 6.)

2. Sept cent cinquante-deux suivant M. de Chevalet, neuf cents selon M. Brachet, en y ajoutant le contingent de l'invasion des Northmans au dixième siècle.

fief; des termes *militaires : guerre, halte, brèche, étape, haubert;* des termes de *marine : esquif, digue, bac;* des noms d'animaux, de plantes, de vêtements, d'ustensiles, les noms des points cardinaux[1]. Beaucoup de mots exprimant des idées défavorables ou superstitieuses ont la même origine : *tuer, laid, haïr, haillon, grimace; bouquin (buch,* livre); *rosse (ross,* cheval), *lande (land,* terre); *grimoire, loup-garou, cauchemar.* Quelques tournures tudesques même purent bien s'acclimater en roman, mais les mots comme les tournures n'y pénétrèrent que par l'intermédiaire du latin et durent, pour y avoir droit de cité, revêtir d'abord le costume romain.

Il faut remarquer trois couches dans ces importations germaniques :

1° Les mots introduits par les soldats germains au cinquième siècle;

2° Le contingent des invasions;

3° Les termes de provenance normande qui datent du dixième siècle[2].

Mais les invasions barbares vont amener le trouble; la culture intellectuelle cessera à peu près totalement; le latin littéraire sera supplanté entièrement par le latin vulgaire et passera à l'état de langue morte. Et encore, dans ce latin vulgaire, faut-il distinguer deux espèces : l'une, le latin populaire écrit, qui veut conserver quelque trace de correction, et qui n'aura aucune influence sur la formation de la langue; l'autre, le latin populaire parlé, qui, se transformant peu à peu, deviendra le roman, puis le français. Plus tard, nous trouvons une sorte de latin barbare, qui consiste en terminaisons latines cousues aux mots français : *message, *messagium*[3].

---

1. Brachet, *Dictionnaire étymologique,* Introduction. — Littré, *Histoire de la langue française,* t. Ier, p. 103, 104.

2. Brachet, *Dictionnaire étymologique,* Introduction, p. 38.

3. C'est l'origine du latin *macaronique,* qui fut un passe-temps, un amusement. On en a des exemples dans le troisième intermède qui termine le *Malade imaginaire,* de Molière; et dans la petite pièce sur la mort de Michel Morin (*Micheli Morini, grandissimi et amplissimi viri, funestissimus trepassus*) publiée de nouveau par Ch. Nisard, dans le 1er volume de son *Histoire des livres populaires.*

Si les invasions germaniques ruinèrent la civilisation gallo-romaine et eurent ainsi une grande influence sur la société du moyen âge, elles n'eurent pas la même influence sur la formation de la langue, puisque les mots tudesques, comme les mots celtiques, durent revêtir la forme latine pour pénétrer dans la langue populaire.

CHAPITRE III

Sommaire. — Des principes qui ont réglé la transformation des mots latins en mots français : *principe de moindre action; principes de transition*. — Des mots de dérivation divergente ou *doublets*.

Le latin populaire a donc formé une nouvelle langue, la *langue romane*, qui, par la suite des temps, devint, en Gaule, le français actuel. Il faut rechercher : 1° si des lois ont présidé à la formation de cette langue; 2° quelles sont ces lois.

La nature ne procède pas brusquement; *natura non facit saltus*, disent les naturalistes. Cet axiome, vrai en histoire naturelle, est vrai aussi dans cette partie de la grammaire qui est comme l'anatomie du langage, celle qui s'occupe des sons, et qu'on appelle *phonétique*, du mot grec *phônè*, qui signifie voix. « Étudier la phonétique du français, c'est en réalité poursuivre l'histoire des sons de la langue latine, et voir ce qu'ils sont devenus dans la période d'évolution où le français est issu du latin[1]. » Dans ce passage du latin à la langue romane, on voit une propension générale à la simplification et une disposition naturelle à éviter l'effort que nécessite la prononciation de certaines consonnes ou certains groupes de consonnes. De même que pour n'importe quel acte de notre vie, nous cherchons toujours à faire le moins de mouvements possible, de même, pour le langage, nous essayons de prononcer les mots avec le moins de difficulté possible; et

1. Bailly, p. 137.

nous voyons dans le français populaire contemporain des exemples de cette tendance à abréger pour ainsi dire les mots : on dit par exemple *ça* pour *cela, v'là* pour *voilà.* C'est à ce même *principe de moindre action* que nous pouvons faire remonter les élisions : *l'*homme pour *le* homme; *j'*ai pour *je* ai; l'élision nous permet d'éviter des hiatus désagréables et difficiles [1].

Il en fut de même en latin; non seulement la dernière syllabe du mot se prononçait d'une manière très sourde, presque imperceptible, comme encore en italien; mais l'accent tonique, en faisant prononcer plus distinctement la syllabe ou la voyelle qu'il frappait, entraînait nécessairement l'assourdissement ou la contraction du reste du mot. Ce qui fit que les voyelles et les consonnes latines se sont modifiées très diversement, mais toujours d'après des règles fixes, des *principes de transition* que nous étudierons plus loin [2]. Ainsi nous disons *oût, pan, fan* au lieu de *a-oût, pa-on, fa-on;* dans *rive,* le *p* de *ripam* s'est adouci en *v;* souvent même l'affaiblissement est tel, que les lettres latines disparaissent complètement : *cruel* a perdu le *d* de *crudelem; obéir,* celui d'*obedire.* « Raccourcir les mouvements que les transitions entre les voyelles et les consonnes rendent nécessaires, diminuer l'ouverture, dans les sons ouverts, et le rétrécissement dans les sons fermés, est une économie que les organes de l'articulation tendent à faire; tendance aveugle, sans doute, et qu'ils réussissent à faire par l'habitude. C'est là l'influence d'assimilation que les voyelles et les consonnes exercent mutuellement les unes sur les autres [3]. »

Insistons bien sur ce fait : c'est le latin populaire, le latin parlé, et défiguré par diverses influences de temps, de lieux, de climat, de prononciation qui a formé le fran-

---

1. « Il est extrêmement vraisemblable que, dès l'origine du langage, son développement a été dirigé par le principe de la moindre action coordonné avec les conditions physiologiques que l'homme a traversées, ou même régi par elles.» (P. REGNAUD, *Nouveaux aperçus sur le vocalisme indo-européen.*)

2. Voir p. 22 et suiv.

3. Withney, *La vie du langage,* p. 58.

çais. « D'un bout de la France à l'autre, dit M. Aubertin[1], cette mutilation du latin s'est accomplie d'une façon invariable, sous l'empire de causes identiques; un mot latin a donné partout, au nord comme au midi, le même mot français, à peine modifié par des différences de sonorité. » Cette formation fut tout à fait irréfléchie, spontanée; elle est antérieure au onzième siècle, tandis que les termes qui ont été dérivés scientifiquement du latin ne sont pas antérieurs au seizième. *Août* est le mot de dérivation populaire venant d'*augustum*, qui a donné *auguste*, suivant le procédé savant; *blâmer* est le mot populaire dérivé de *blasphemare*, que les savants ont transporté tout vif en français sous la forme *blasphémer*. La liste suivante contient les exemples les plus curieux de ces doubles formes :

Mots latins	Dérivés français de formation populaire	Dérivés français de formation savante
advocatum,	avoué,	avocat;
articulum,	orteil,	article;
augustum,	août,	auguste;
basilicam,	basoche,	basilique;
capitale,	cheptel,	capital;
classicum,	glas,	classique;
circulare,	cercler,	circuler;
fabricam,	forge,	fabrique;
fragilem,	frêle,	fragile;
hospitale,	hôtel,	hôpital;
justitiam,	justesse,	justice;
laborem,	labour,	labeur;
legalem,	loyal,	légal;
ministerium,	métier,	ministère;
porticum,	porche,	portique;
punctionem,	poinçon,	ponction;
surgere,	sourdre,	surgir; etc.[2]

1. Aubertin, *Histoire de la langue et de la littérature françaises* (librairie Belin).
2. Brachet, *Dictionnaire des doublets.*

Ces doubles formes sont ce qu'on appelle les *doublets* de la langue française. Ce nom leur a été donné par Nicolas Catherinot, conseiller au présidial de Bourges, qui, le premier, observa cette double dérivation, et en publia, en 1683, une liste fort incomplète. *Les doublets sont donc les doubles dérivations d'un même mot qui répondent d'ordinaire à deux âges différents dans l'histoire de la langue, et auxquelles l'usage a attribué, malgré leur communauté d'origine, des sens distinctifs et spéciaux.*

Car il faut remarquer que ces doublets sont loin d'être synonymes. Un *avoué* n'a pas les mêmes fonctions qu'un *avocat;* un *hôtel* n'est pas un *hôpital;* une chose peut être *légale* sans être *loyale;* et beaucoup de gens veulent bien exercer un *ministère*, mais non un *métier.*

Le procédé populaire, pour la dérivation des mots, diffère donc complètement du procédé savant. Le procédé populaire défigure le mot original au point qu'il est quelquefois difficile de reconnaître le mot latin sous sa nouvelle forme; le procédé savant transcrit presque toujours littéralement le mot latin, le calque servilement, en ne changeant que la syllabe finale. On sait jusqu'à quel excès Ronsard, au seizième siècle, poussa cette transcription qu'il appliquait non seulement aux mots latins, mais aussi aux mots grecs.

Quelquefois le même mot latin a produit deux, trois, et jusqu'à quatre dérivés de forme populaire :

Cupam, coupe, cuve ;

nigrum, noir, nègre ;

locare, loger, louer ;

**credentiam,* créance, croyance, crédence ;

capsam, casse, cassette, chasse, caisse.

Nigrum et *locare* nous fournissent l'occasion de remarquer que certains doublets ne nous viennent pas directement du latin, mais sont passés par l'intermédiaire d'une langue étrangère[1].

---

1. Brachet, *Dictionnaire des doublets.*

Mots latins	Dérivés populaires	Dérivés par un intermédiaire étranger
locare,	louer,	loger (de l'italien *loggiare*) ;
bilancem,	balance,	bilan (de l'italien *bilancio*) ;
**cadentiam*,	chance,	cadence (de l'italien *cadenza*) ;
dominam,	dame,	duègne (de l'espagnol *dueña*) ;
infantem,	enfant,	infant (de l'espagnol *infante*) ;
**supersaltum*,	sursaut,	soubresaut (de l'espagnol *sobre-* [*salto*]) ;
factionem,	faction,	fashion (de l'anglais *fashion*) ;
**exquadram*	équerre	escadre, escouade (de l'italien [*squadra*]) ; square (de l'anglais *square*).

Dans tous ces cas, les divers dérivés diffèrent ordinairement par le sens non moins que par la forme ; de sorte que notre langue s'est réellement enrichie par ce double travail de dérivation.

Quelquefois aussi, la contraction, que les mots latins ont subie pour devenir des mots français, a confondu sous une forme commune deux dérivés de primitifs très distincts. Par exemple : *louer*, venant de *laudare* (donner des éloges) ou de *locare* (prendre en location) ; *cru* de *crudum* (un fruit *cru*), et *cru* de *creditum* (je l'ai *cru*) ; *pécher* de *peccare*, et *pêcher* de *piscari*, sans compter *pêcher*, l'arbre qui porte des pêches, de **persicarium*, pour *malus persica*, dans le latin du moyen âge[1].

Nous voyons donc nettement qu'il y a eu deux périodes dans la formation de notre langue : l'une, de formation irréfléchie, populaire, pendant laquelle le mot latin s'usa, pour ainsi dire, comme une pièce de monnaie dont l'effigie et l'exergue disparaissent peu à peu par l'usage ; l'autre, de formation savante, c'est-à-dire pendant laquelle les savants essayèrent de compléter l'œuvre de formation primitive, et de fabriquer de nouveaux mots, soit pour enrichir la

____
1. Egger, *Grammaire comparée*, ch. XXI, p. 167.

langue qu'ils trouvaient trop pauvre, soit pour exprimer des idées ou des découvertes nouvelles.

Cette période de formation savante ne remonte pas au delà du quinzième siècle.

Et que l'on ne croie pas que les mots de formation populaire soient devenus au gré du hasard tels que nous les voyons ; une observation attentive fait remarquer qu'ils ont obéi à des lois fixes et immuables, dont l'une et la plus importante est celle-ci : « *Dans tous les mots français de formation populaire, la syllabe latine, frappée de l'accent tonique, persiste, tandis que les syllabes non accentuées, et spécialement les finales, s'assourdissent ou disparaissent.* »

Ce qui a fait formuler cette règle :

L'accent latin persiste en français dans les mots d'origine populaire, tous les mots où cette loi est violée sont d'origine savante [1].

Ainsi, dans les noms de la troisième déclinaison latine, l'accent variant du cas-sujet, ou nominatif, aux autres cas, c'est-à-dire aux autres formes prises par le mot latin pour exprimer les différentes espèces de régimes, il y avait deux formes en français : l'une pour le cas-sujet, l'autre pour le cas-régime :

Cas-sujet		Cas-régime	
infáns,	*enfe ;*	infántem,	*enfant.*
imperátor,	*emperere ;*	imperatórem,	*empereor,*
			[puis *empereur.*
látro,	*lairre ;*	latrónem,	*larron*
májor,	*maire ;*	majórem,	*majeur.*
mélior,	*mieldre* [2] *;*	meliórem,	*meilleur.*
népos,	*nieps ;*	nepótem,	*neveu.*

La langue moderne n'a généralement conservé que la seconde de ces deux formes, celle que l'on appelle cas-

1. Brachet, *Grammaire historique*, p. 73.
2. *Mieldre* devint plus tard *mieudre*, par vocalisation de *l* en *u*, phénomène fréquent dont nous parlerons plus loin (p. 35 et 38).

régime, par opposition à l'autre qu'on appelle *cas-sujet*. Ce cas-régime servait en latin à marquer le régime direct[1].

Quelquefois cependant les deux formes se sont maintenues concurremment, mais alors dans un sens différent :

Cas-sujet	Cas-régime
májor, *maire*, devenu substantif[2];	majórem, *majeur*.
sénior, *sire*[3];	seniórem, *seigneur*.
pástor, *pâtre*;	pastórem, *pasteur*.

Tout mot latin se composant de voyelles accentuées[4] ou non, c'est-à-dire d'une *tonique* et *d'atones*, la tonique persiste toujours ; mais quant aux *atones* :

1° *La voyelle brève qui précède ou qui suit immédiatement la tonique disparaît en français dans les mots d'origine populaire, mais elle persiste dans les mots d'origine savante;*

a) La voyelle brève *précède* la tonique :

Mots latins	Mots d'origine populaire	Mots d'origine savante
cum (ŭ) láre[5],	*combler,*	*cumuler;*
lib (ĕ) ráre,	*livrer,*	*libérer;*
nav (ĭ) gáre,	*nager,*	*naviguer;*
pect (ŏ) rále,	*poitrail,*	*pectoral.*

b) La voyelle brève *suit* la tonique :

Mots latins	Mots d'origine populaire	Mots d'origine savante
cóm (ĭ) tem,	*comte,*	*comite;*
capít (ŭ) lum,	*chapitre,*	*capitule;*
umbíl (ĭ) cum,	*nombril,*	*ombilic;*
rúst (ĭ) cum,	*rustre,*	*rustique,* etc.

1. Sur les cas en latin, V. ch. v, p. 55.
2. *Maire* est substantif masculin quand il désigne le magistrat de ce nom; substantif féminin quand il désigne une sorte de place ovale de deux, trois ou quatre pieds de diamètre que l'on trouve dans les terriers de renards et de blaireaux.
3. *Sire* a passé par les formes *senre, sindre, sidre.*
4. V. ch. i, p. 6 et suiv.
5. On marque d'un petit croissant (ĕ, ă) la voyelle brève, et d'un trait (ē, ā) la voyelle longue.

2° *La voyelle longue qui précède la tonique subsiste en général en français;* exemple : *honōrāre,* honorer. Cependant elle se supprime souvent : *sacrāméntum,* serment (primitivement *sairement*).

Exception. — *Lorsque la voyelle atone précédant la tonique commence le mot, elle subsiste : fidélem, féal*[1]. Il y a eu changement d'*i* en *e,* comme dans *nitidum,* net. *Fidèle* est de formation savante.

Enfin la *consonne placée entre deux voyelles,* comme *g* dans *regalis, v* dans *pavorem, tombe et disparaît,* d'où cette règle :

Tous les mots français qui perdent la consonne médiane sont d'origine populaire; les mots d'origine savante la conservent[2] :

Mots latins	Mots d'origine populaire	Mots d'origine savante
augústum,	*août,*	*auguste;*
*credentiam,	*créance,*	*crédence;*
communicare,	*communier,*	*communiquer;*
ligáre,	*lier,*	*liguer;*
*renegátum,	*renié,*	*renégat*[3].

Quelquefois la suppression de cette consonne médiane entraîne une syncope suivie de contraction; exemple : *ro* (t) *undum,* rond; *pa* (v) *or,* peur[4]; *cu* (c) *urbitam,* courge; *ma* (t) *urum,* meür, mûr.

Quelquefois aussi, cette syllabe initiale, si elle est atone, bien entendu, disparaît devant la tonique, même sans suppression de la consonne médiane; c'est ce qu'on appelle *aphérèse*[5] *: illorum,* leur; *Apúliam,* Pouille.

Ainsi la règle capitale à laquelle ont obéi tous les mots

1. Brachet, *Dictionnaire étymologique,* Introduction, p. LXXX, LXXXI.
2. Brachet, *Grammaire historique,* p. 77.
3. Ces exemples prouvent, une fois de plus, que les doublets ne sont jamais synonymes.
4. *Peur* était en roman *peor.* On trouve aussi *poor* dans Joinville, et même encore au seizième siècle *paoureux* du substantif *paour : «* N'estre plus de la mort tant *paoureux.»* (Jean BOUCHET, *Epistres famil.,* 68.)
5. Sur l'*aphérèse,* V. ch. IV, p. 39.

latins, règle d'où découlent toutes les autres, est le *main-tien en français de la syllabe accentuée latine*. Cette syllabe subsiste toujours, elle est le point central autour duquel gravitent toutes les autres ; elle est, si l'on peut s'exprimer ainsi, le *pivot* de la formation du français. Il en résulte un système de permutation, de mutilation, qui s'applique à toutes les autres syllabes : celles qui ne sont pas accentuées disparaissent ou s'assourdissent, de telle sorte que la syllabe accentuée latine devient la seule accentuée du mot français, et généralement la dernière de ce mot, si ce mot est de dérivation populaire, spontanée, et non de dérivation savante.

Ces règles générales de la formation des mots souffrent peu d'exceptions. Celles-ci ont pour cause :

1° Ou une prononciation défectueuse du mot latin : sans altérer la quantité, on a fondu en une diphtongue deux sons latins. Par exemple, dans les terminaisons en *iŏl...*, *iŏ*, qui étaient deux brèves, se sont fondues en une longue : *īo*.

Exemples : *lusciniŏlam*, prononcé **lusciniōlam* (luscigno-lam), a donné *rossignol*; *filiŏlum*, prononcé **filiōlum* (fillo-lum), a donné *filleul*. De même dans les terminaisons en *ĕŏl*, qui sont devenues *ēol* : *caprĕŏlum*, devenant **capreōlum*, a donné *chevreuil*[1].

2° Ou un déplacement de l'accent tonique : ainsi le latin classique accentuait : *sóricem*, *mordére*, *ficátum*, etc.; le latin populaire accentua **sorícem*, **mórdere*, **fícatum*, et nous avons eu en français *souris*, *mordre*, *foie*, etc.

3° Ou un changement de quantité résultant du déplace-ment de l'accent tonique. Ainsi quelques verbes latins en *ēre* supposent, dans leur passage en français, un infinitif en *ĕre*. *Tacēre* aurait dû nous donner seulement *taisir* et non *taire*, qui a été formé comme si le premier *e* était bref, et non pas long, comme il l'est réellement ; *placēre* devrait faire *plaisir* et non *plaire*. *Taisir* et *plaisir* existent paral-

---

1. Bailly, ouvrage cité, p. 144.

lèlement à *taire* et à *plaire*, l'un en roman, l'autre dans la langue moderne avec la valeur d'un substantif.

Réciproquement, les verbes en *ĕre* (*e* bref) sont devenus quelquefois des verbes en *ir* (*currĕre*, courir) et en *oir* (*recipĕre*, recevoir), comme s'ils avaient eu en latin la pénultième longue[1]. Les formes parallèles existent encore dans *courre* et *courir* : je vais *courre* le lièvre. Remarquons que l'un, *courre*, est actif, et l'autre, *courir*, neutre ; et si ce dernier est quelquefois construit avec un complément direct, comme : « *courir des dangers* », c'est évidemment par confusion avec la forme *courre*.

5° Ou une difficulté de prononciation s'opposant à la syncope, comme dans *âpreté* (asperĭtátem), *chasteté* (castĭtátem), *abstinence* (abstĭnéntiam), etc. Dans *soucier*, primitivement *solcier* (sollicitare), la syllabe *ci* est restée ; mais la précédente, *li*, a été supprimée.

4° Ou enfin la prononciation vicieuse d'un mot. Combien de fois n'a-t-on pas défiguré un mot, et dit *calvacade* pour *cavalcade*; la maladie du *père Antoine*, pour la maladie du *péritoine*; et tant d'autres qui, résultant de l'inattention ou de l'ignorance, changent l'aspect d'un mot et le rendent méconnaissable.

En résumé, *maintien de la syllabe accentuée, chute de la voyelle brève qui la précède ou qui la suit, chute de la consonne médiane*, telles sont les règles auxquelles ont obéi instinctivement les mots latins dans leur passage en français. Il y en a d'autres qui concernent les changements particuliers subis par les voyelles et les consonnes latines. C'est l'objet du chapitre suivant.

---

1. Bailly, p. 144.

CHAPITRE IV

SOMMAIRE. — Modifications subies par les voyelles et les consonnes latines dans leur passage en français.

Il ne suffit pas d'avoir reconnu l'existence des principes posés dans le chapitre précédent : *persistance de la syllabe accentuée, assourdissement ou chute des autres;* il importe de savoir quelles en ont été, pour le maintien ou la transformation des voyelles latines les conséquences particulières. Que sont devenues, dans leur passage en français, les voyelles latines accentuées ? Que sont devenues les voyelles non accentuées, soit qu'elles suivent, soit qu'elles précèdent la syllabe frappée de l'accent tonique ?

La *voyelle accentuée ne se perd jamais;* mais si elle s'est conservée intacte dans un grand nombre de mots, elle s'est souvent modifiée de diverses manières, dont voici les plus remarquables :

MODIFICATIONS DE L'A

1° ă (bref) devient ordinairement
- **ai :** dămam, *daim;*
- **ie :** cănem, *chien;*
- **e :** măre, *mer.*

2° ā (long) devient **e** : fābam, *fève .* nāvem, *nef*[1]. Devant les liquides et les nasales, **a** devient **ai :**
clarum, clair;
Romanum, Romain.

3° Devant deux consonnes, **a** devient
- **e :** *capram,* chèvre; *trans,* très;
- **o :** *phantásma,* fantôme.

---

1. Ces changements de l'*a* en *e* n'ont rien qui doive nous étonner; beaucoup de personnes prononcent encore *e* pour *a : en errière* pour *en arrière, belsamine* pour *balsamine.* Cette habitude est très ancienne, et les grammairiens français l'ont signalée depuis longtemps. Les poètes du moyen âge et de la Renaissance en profitaient pour trouver plus facilement leur rime et faisaient rimer *Lombart* avec *Robert; d'armes* avec *termes.* Au dix-septième siècle, on disait aussi bien *sarge* que *serge, boulevert* que *boulevard.* La prononciation *boulevert* était même plus conforme à l'étymologie *bollverk* (fortification). En anglais, l'*a* a souvent aussi le son *e.*

Ce changement assez rare de l'**a** en **o** a lieu même lorsque l'**a** est atone : *articulum*, orteil.

MODIFICATIONS DE L'E

1° **ĕ** (bref) devient
{ **a** : *pĕr*, par[1] ;
ie : *bĕne*, bien ; *rĕm*, rien.

2° **ē** (long) devient
{ **a** : *rēmum*, rame ; *fidēlem*, féal ;
ai : *crētam*, craie ;
oi : *mē*, moi ; *vēlum*, voile ;
i : *cēram*, cire ;
ie : *mēl*, miel ; *amētis*, aimiez.

3° Devant deux consonnes, **e** devient
{ **a** : *lacertam*, lézard ;
ie : *hederam* (hedr'am), lierre.

Hederam avait donné d'abord *ierre*, qui est devenu *lierre* par soudure de l'article[2].

L'**e** latin se changeait souvent en **i**, même dans les mots latins ; cet **i** devint **j**, qui lui-même en passant en français devient **g** : *lineum, hordeum, rubeum*, sont devenues *linium, hordium, rubium*, puis *linjum, hordjum, rubjum*, d'où *linge, orge, rouge*. De même *de usque*, devenu *diusque*, puis *djusque*, a donné *jusque* ; *diurnum* (djurnum), *jour* ; **dominionem* (domnjonem), *donjon*.

MODIFICATIONS DE L'I

1° **ĭ** (bref) devient
{ **oi** : *fĭdem*, foi ;
e : *nĭtidum*, net ; *fĭdelem*, féal ;
ei : *sĭnum*, sein ; *tĭneam*, teigne.

2° **ī** (long) devient
{ **oi** : *glīrem*, loir (avec aphérèse du *g*) ;

---

1. Cette transformation de **e** (bref, long, ou en position) en **a** est assez rare. De même l'**e** atone est devenu **a** : *ferocem*, farouche ; *emendare*, amender. C'est une dérogation assez curieuse aux règles ordinaires de la phonétique d'après lesquelles le son **a** peut bien s'affaiblir en **e**, mais le son **e** ne peut pas se renforcer en **a**. Ce phénomène ne se produit guère que devant une liquide ou une nasale. (V. p. 34, note 1, le tableau des consonnes.)

2. Page 43.

3° **i**, devant deux consonnes, devient **e** lorsqu'il est long dans le latin classique : *cristam*, crête ; il devient **oi** lorsqu'il est bref en latin : *bĭbĕre* (bib're), boire.

4° Devant *ng, nc, gn*, **i** devient
{
ei : *cingere*, ceindre ;
ai : *vincere*, vaincre ;
a : *linguam*, langue ; *cingulum*, sangle.
}

MODIFICATIONS DE L'O

1° **ŏ** (bref) devient
{
eu : *nŏvem*, neuf ;
œu : *bŏvem*, bœuf ;
ieu : *lŏcum*, lieu ;
ou : *rŏtam*, roue.
}

2° **ō** (long) devient
{
eu : *sōlum*, seul ; *mōbilem*, meuble ;
ou : *nos*, nous.
}

3° **o**, devant deux consonnes, devient
{
eu : *populum* (pop'lum), peuple ;
œu : *operam* (op'ram), œuvre ;
oi : *pondus*, poids ;
a : *dominam* (dom'nam), dame[1] ;
ui : *ostream*, huître ; *ostium*, huis[2].
}

Ce dernier phénomène se produit surtout dans les mots où l'**o** se trouve près d'un **i** : *modium*, muid ; *podium*, puy.

MODIFICATIONS DE L'U

1° **ŭ** (bref) devient
{
eu : *gŭlam*, gueule.
ou : *lŭpum*, loup ;
oi : *nŭcem*, noix ; *quĭetum*, coi ;
}

---

1. Exemple unique du changement de **o** accentué en **a**. Mais l'**o** atone se change fréquemment en **a** : *locustam*, langouste ; *dominiarium*, danger.

2. *Huis*, d'où *huissier*, signifiait *porte*. Il est resté dans l'expression *à huis clos*.

2ᵇ **ū** (long) devient
- **o :** dans la désinence de quelques noms de ville en *unum :* *Laudūnum,* Laon; *Lugdūnum,* Lyon.

3° **u,** devant deux consonnes, devient
- **ou :** *sulfur,* soufre;
- **o :** *nuptias,* noces; *urticam,* ortie;
- **oi :** *pugnum,* poing;
- **ui :** *cuprum,* cuivre; *buxum,* buis.

MODIFICATIONS DE L'Y

1° **y** (bref) devient **u :** *zizyphum,* jujube.

2° **y** (long par position devant deux consonnes ou une lettre double) devient :

- **i :** *tympanum,* timbre;
- **o :** *cryptam,* grotte;
- **oi :** *pyxida,* boîte.

Nous voyons donc que les voyelles latines, les brèves principalement, se transforment surtout en diphtongues.

Les *diphtongues* subissent aussi certaines modifications.

En latin déjà, des six combinaisons primitives, *ai, ei, oi, au, eu, ou,* les deux diphtongues *ei* et *ou* devinrent *i* et *u;* deux autres se sont resserrées, *ai* en *æ, oi* en *œ;* seules *au* et *eu* se sont conservées.

Du latin au français les quatre diphtongues classiques se sont, à leur tour, modifiées :

Æ est devenu
- **e :** *græcum,* grec;
- **ei :** *balænam,* balcine;
- **ie :** *sæculum,* siècle;
- **oi :** *prædam,* proie;
- **i :** *cæpulam,* ciboule.

OE est devenu
- **e :** *cœnam*, cène; **cœnobitam*, cénobite;
- **ei :** *pœnam*, peine;
- **ie :** *cœlum*, ciel[1];
- **oi :** *fœnum*, foin;
- **i :** **cœmeterium*, cimetière.

AU est devenu
- **o :** *aurum*, or; *causam*, chose[2];
- **oi :** *claustrum*, cloître;
- **ou :** *caulem*, chou;
- **eu :** *pauci*, peu.

Dans le vieux français on écrivait *povre* (de *pauper*), *toreau* (de *taurellum*), *lorier* (de **laurarium*), conformément à la modification de *au* en *o*. Au seizième siècle, on voulut rapprocher ces mots de l'étymologie latine, sans se douter de l'évolution subie par *au*, et on écrivit *pauvre*, *taureau*, *laurier*, orthographe que nous avons conservée, *aureille* (de *auriculam*) qui a laissé la place à *oreille*.

EU est devenu
- **u :** *rheuma*, rhume;
- **ieu :** **leucam*, lieue.

Quant aux voyelles non *accentuées ou atones*,

1.° Les voyelles atones qui suivent la syllabe accentuée s'assourdissent en *e* muet ou disparaissent :

rósam, rose; *ámo*, j'aime; *múrum*, mur; *témpus*, temps; *návem*, nef; *amátum*, aimé; *vivénda*, viande[3].

---

1. Il est convenu aujourd'hui d'écrire *cælum* par *æ*; le mot *ciel* rentre alors dans une des modifications de *æ*.

2. Cette prononciation de *au* comme *o* était la prononciation populaire, même chez les Latins. Les Romains lettrés prononçaient *aou*. — Voir le dictionnaire étymologique de Brachet, au mot *alouette*.

3. Conformément à l'étymologie, le mot *viande*, à l'origine, désignait toute espèce de mets, tout ce dont on pouvait vivre : Ex. : « Et se pourchaça de viande cil qui mestier en ot. » ... Et se procura des vivres celui qui en eut besoin. (Villehardouin, 137.) — « Ils avaient vins et *viandes* à plenté. » (Froissard. — *Plenté* signifie *abondance*, *plenitatem*.) — «Les poires sont *viandes* très salubres.» (Rabelais, IV, 54.) — «Qu'il ne faille point de grands apprêts de *viande* pour les nourrir.» (Fénelon, *Éducation des filles*, ch. v.) — Le miel, qui est la *viande* de nos bergers.» (Balzac, lettre à l'évêque d'Angoulême du 25 décembre 1626.) — «Un ragoût, une salade de concombres, de cerneaux, et autres sortes de *viandes*.» (Mme de Sévigné, à Mme de Grignan, 9 août 1689.)
On connaît les vers de Nérée dans sa tragédie *Le triomphe de la Ligue* (1607) où il dit en parlant de Dieu:

Il donne la *viande* aux petits passereaux;

2° Les voyelles qui précèdent la syllabe accentuée offrent une résistance fort inégale suivant qu'elles sont *initiales* comme dans *amicum*, ou *médianes*, comme dans *latrocinium*[1].

Il y a là deux cas à considérer :

a) Lorsque la syllabe accentuée est précédée d'une seule syllabe, cette dernière se trouve la syllabe initiale du mot, et persiste, en général, avec quelques modifications analogues à celles de la syllabe accentuée, ou même s'affaiblit en *e* :

amórem,	*amour* ;
artículum,	*orteil* ;
captívum,	*chétif* ;
virtútem,	*vertu* ;
cabállum,	*cheval* ;
Jobánnem,	*Jehan*, puis *Jean* ;
Británniam,	*Brétagne* ;
junícem,	*génisse* ;
juníperum,	*genièvre*.

b) Quand la syllabe accentuée est précédée de deux syllabes, la première de ces deux syllabes persiste, la seconde s'assourdit ou disparaît :

paupertátem,	*pauvreté* (v. fr.: *poverté*) ;
*monastérium,	*moûtier* ; etc.

Il serait trop long d'insister sur les différents changements subis par les consonnes latines dans leur passage en français. Nous dirons seulement que pour les consonnes

---

vers dont Racine s'est peut-être souvenu dans *Athalie* (acte II, scène VII) :

   Aux petits des oiseaux il donne leur pâture.

Cependant, dès le commencement du dix-septième siècle, la cour avait restreint ce mot *viande* à la chair servie à table. (NICOT, *Dictionnaire*, 1606.) — On appelle encore, en termes de vénerie, *viandis* le pâturage des cerfs, daims et chevreuils, — et *viander* signifie *brouter*.

1. A. Bailly, p. 153 et suivantes.

latines devenues françaises, les lois de permutation sont les suivantes :

1° L'évolution se produit ordinairement dans une même catégorie de sons, et, dans ce cas, toujours du son fort au son moyen, ou à l'un des sons secondaires. Ainsi **p** devient **b** ou **v**; *t* devient **d** ou **s**, mais sans que le phénomène inverse se produise :

apiculam,	*abeille;*
ripam,	*rive;*
cubitum,	*coude;*
otiosum,	*oiseux;*
rationem,	*raison;*
inclinationem,	*inclinaison;*
liberationem,	*livraison;*

2° Plus rarement, les sons se transforment d'une catégorie à l'autre; par exemple, la labiale **v** devient la gutturale **g** :

vastare,	*gâter* [1] *;*
Vasconiam,	*Gascogne;*
vadum,	*gué;*
vespam,	*guêpe;*
viperam,	*guivre* [2] *;*

1. « Pour nous rendre raison de cette permutation, remarquons d'abord que les Romains n'avaient qu'une seule lettre, un seul et même signe, *v*, pour marquer notre voyelle *ou* et notre consonne *v* ou le double *w* dans d'autres langues. Cette voyelle *v* (*ou*) était souvent précédée d'une consonne gutturale assez fortement articulée, comme dans *qvas, qvalis, gvstus*, etc., où la consonne gutturale est marquée par *q* et *g*, et conservée dans les mots français *qui, quel, goût*, etc. Mais il y avait aussi, ce me semble, des mots où la voyelle *v* était précédée d'un *g* ou d'un *h* très peu sensibles et à cause de cela négligés dans l'écriture, de manière que les mots *vespa, vastare* sonnaient probablement comme *houespa, houastare*, ou *gouespa, gouastare*... Dans la suite, quand ces mots ont passé dans les langues néo-latines, l'articulation gutturale, qui était très faible et qui n'était pas indiquée, s'est renforcée et a été marquée par notre gutturale plus forte, les lettres *gu;* les mots *houespa, houastare*, se sont changés en *gouespa, gouastare*, avec un *g* fortement articulé, comme *vulpes* en *goupil;* puis la rapidité de la prononciation ayant supprimé la voyelle *ou*, il en est résulté les mots : *guespa, guêpe*, et *gastare, gâter*. Ce n'est donc pas à proprement parler la consonne labiale *v* qui s'est changée en *gu*, mais la gutturale *g* ou *h* faiblement articulée a été renforcée. » (P. BURGGRAFF, *Principes de grammaire générale*, p. 83.)

2. On dit aussi *givre*. C'est un terme de blason qui signifie serpent.

Ce mode de transformation est surtout fréquent pour les liquides et les nasales; la liquide gutturale **r** et la liquide dentale **l** se substituant facilement l'une à l'autre, comme la nasale dentale **n** et la nasale labiale **m**[1].

Devant A, **c** devient **ch** :

> canem,   *chien;*
> castellum,   *château;*

Quelques mots où le **c** dur se trouve maintenu existent concurremment avec d'autres où le **c** est devenu **ch**. Cela vient de la manière différente de prononcer le **c** au nord[2] et au midi; de là deux formes dérivées d'un même mot latin :

> campum,   *camp, champ;*
> captivum,   *captif, chétif;*
> causam,   *cause, chose;*
> canalem,   *canal, chenal;*

Après une voyelle, le **c** suivi d'un **t**, devient souvent *i* :

> factum,   *fait;*
> noctem,   *nuit,*
> fructum,   *fruit;*

Ou bien il disparaît :

> jactare,   *jeter;*
> edictum,   *édit;*
> defunctum,   *défunt.*

1. Tableau des consonnes :

	Douces.	Fortes.	Liquides.	Nasales.
LABIALES :	*b, v;*	*p, f;*		*m.*
DENTALES :	*d;*	*t;*	*l;*	*n.*
GUTTURALES :	*ç, g; j;*	*c* (dur), *k, q.*	*r.*	
		g (gue).		
SIFFLANTE :	*s.*			
SPIRANTES :	*h, f.*			

2. Le dialecte picard prononçait *c* et *s* comme *ch*, et, par contre, *ch* comme *k*. Il disait donc *Franche* (France), *ichi* (ici), *tencher* (lancer), *chire* (sire), et *kanter* (chanter), *k'min* (chemin), *k'vau* (cheval).

Il était donc inutile, au seizième siècle, de faire reparaître le **c**, et d'écrire *faict, nuict*, sous prétexte de rapprocher ces mots de leur étymologie.

Le **q** final devient **gu** : *aquam* a donné *aigue* (eau), que l'on trouve dans *Aigues-Mortes, Aigues-Vives, Chaudes-aigues*, et dans le patois de certaines localités.

Devant **l** (*ql*) et *r* (*qr*), le **q** devient **g** :

aquilam (aq'lam), *aigle*.

Dans toutes les combinaisons où **l** se trouve première consonne, on peut établir cette règle générale qu'elle se vocalise en *u*, de sorte que

lc devient *uc*,
lt   —   *ut*,
ls   —   *us, ux*.

Ex. : *els* est devenu *eux*; *als* est devenu *aux* : *chevals — chevaux*. Au seizième siècle on disait encore *maugré* (d'où *maugréer*) pour *malgré* : ex. : *maugré lui, maugré Dieu.*

> Le faisant maugré lui, voire maugré son Dieu.
> (Jean DE LA TAILLE, *Saül furieux*.)

Cette règle se trouve confirmée par l'existence des formes savantes qui ont conservé *l*, mais qui, dès lors, laissent intacte la voyelle latine : *col* comparé à *cou*; *castel* à *château*; *falsifié* à *faux*.

On trouve, à la vérité, dans les textes du quinzième et du seizième siècle des mots tels que *hault, aultre :* c'est par suite d'une erreur : les écrivains de ce temps, ne comprenant plus la valeur de la diphtongue, s'imaginèrent rectifier une orthographe fautive en rétablissant l'*l* du latin *altus* (haut)[1], *alter* (autre), absolument comme ils

---

1. « Tout imbus de l'antiquité qu'ils traduisaient avec enthousiasme; ils crurent lui rendre hommage en calquant les mots sur le latin savant. Ils ne se bornèrent pas à revêtir de ce costume les termes qu'ils venaient de créer par brusque importation; ils imposèrent l'uniforme à beaucoup d'autres qui, ne relevant que du latin vulgaire, n'étaient pas sortis de l'école ou des livres. Cette révolution fut surtout opérée par ces imprimeurs érudits entre lesquels s'illustrèrent les Estienne. Voilà d'où procède l'invasion de ces lettres muettes

écrivent *faict, nuict*, à cause de *factum* et de *noctem*, *délict* de *delictum*. Le *c* de *délit* est resté dans *délictueux*. Cette fureur étymologique fit écrire aussi sans plus de raison, *nepveu, debvoir, paulme, chevaulx, faulx, veult, peult*. On gratifia même d'un *p* le mot *diner* (bas-latin *disnare*) parce qu'on le fit venir du grec *deiphein*. *Pois* y gagna un *d* qu'il a conservé; on l'attribua à *pondus*, tandis qu'il vient de *pensum;* il s'écrivait *pois* en roman, d'où *poiser, peiser, peser*.

Outre les permutations de lettres que nous venons de voir, les mots latins subirent encore dans leur passage en français diverses modifications euphoniques dont voici les pricipales :

1° MÉTATHÈSE ou transposition des lettres :

Parmi les voyelles, **i**, lorsqu'il n'est pas accentué, se rapproche souvent de la voyelle précédente :

Junium,	*Juin;*
corium,	*cuir;*

Citons surtout les mots latins en *oria* qui deviennent des mots français en *oire :*

historia,	*histoire;*
gloria,	*gloire;*
memoria,	*mémoire;*
victoria,	*victoire;*

et les adjectifs en *aris* ou en *arius* qui deviennent des noms ou des adjectifs en *ier :*

scolaris,	*écolier* (de *scolarem*);
singularis,	*singulier* et *sanglier* (de *singularem*);
primarius,	*premier* (de *primarium*);

qui foisonnèrent dans tous les dérivés; ils étalaient ce luxe stérile comme un titre de noblesse classique. Il en résulta une confusion fâcheuse, dont la trace n'est point encore effacée; car elle se perpétue en de choquantes irrégularités, ou en de flagrantes contradictions. Pourquoi, par exemple, la bizarrerie qui autorise simultanément *honneur* et *honnête, honorer* et *honorable*, provenant du même radical? » (G. MERLET, *Étude littéraire et philosophique sur la langue du seizième siècle.*)

Les consonnes se déplacent également

a) Soit pour précéder la voyelle : *paupertatem, pauvreté;*

b) Soit pour la suivre : *pro, pour.*

2° CHANGEMENTS DE SON. — Les consonnes peuvent changer de son par *assimilation, dissimilation, vocalisation, contraction.*

a) Il y a *assimilation* lorsqu'une consonne précédée ou suivie d'une consonne différente se change en cette consonne.

L'assimilation est dite *régressive*, lorsqu'une consonne se change en celle qui la suit :

adcomplere,	*accomplir;*
claviculam,	(*clavic'lam*), *cheville;*
columnam,	*colonne;*
debitam,	(*deb'tam*), *dette;*
nutricem,	*nourrice;*
latronem,	*larron;*
quadratum,	*carré.*

On dit que cette assimilation est régressive parce que la seconde consonne s'est assimilé celle qui était derrière elle (*regredi,* reculer, revenir en arrière).

L'assimilation est dite *progressive* (*progredi,* s'avancer), lorsqu'elle est exercée sur la consonne suivante, et non sur la précédente :

hominem	(*hom'nem*),	*homme;*
feminam	(*fem'nam*),	*femme.*
angustiam	*angoisse.*	

b) Il y a *dissimilation* lorsque, par exemple, r devient l [1] :

---

1. « De même les Romains n'employaient pas indifféremment les terminaisons *aris* et *alis* pour former des mots dérivés, quoiqu'elles eussent, sans aucun doute, la même signification : lorsque le radical se terminait par un *l*, ils donnaient au mot la terminaison *aris : singularis, solaris,* etc.; mais ils disaient *pluralis, muralis, regalis,* etc. » (P. BURGGRAFF, *Principes de grammaire générale,* p. 92.) — « Le r est inconnu aux habitants du Céleste Empire; aussi disent-ils *Eulopa,* pour *Europe, Yamélika* pour *Amérique,* etc. D'autres peuples ne sentent aucune différence entre *k* et *t*, *g* et *d*, *l* et *r*. Cette confusion existe dans la langue des îles Sandwich, et nous pourons nous en rendre compte jusqu'à un certain point en nous rappelant qu'en France beaucoup de gens disent le *cintième* pour le *cinquième,* chat *angola* pour pour chat *angora,* etc. » (COCHERIS, *Notions d'étymologie française,* p. 67 et 68.)

peregrinum,   pèlerin [1];
cribrum,   crible;
fragrare,   flairer;

l devient **r** :

culcitam punctam,   courte pointe;
ulmum,   orme;
*cartulam,   chartre;
epistolam,   épître;
ululare,   hurler;
lusciniolam,   rossignol, etc.

De même **s** devient **r** :

Massiliam,   Marseille.

c) Vocalisation. — Certaines consonnes se transforment parfois en voyelles. « Ce phénomène s'explique sans trop de peine lorsque la consonne est une liquide ou une nasale, les sons de ces deux catégories ayant une mollesse qui les prédispose à cette transformation [2] : »

constare,   coûter;
conventum,   couvent;
*monasterium,   moutier, (mon'sterium [3]);
castellum,   château;
directum,   droit, (d'rectum);
als (à les [4]),   aux;
strictum,   étroit;
regem,   roi;
Arverniam,   Auvergne; etc.

1. Comparer le mot de formation savante *pérégrination*.
2. Bailly, ouvrage cité, p. 189.
3. Ce mot se retrouve dans *Moustiers* (Basses-Alpes), *Moutiers* (Savoie), *Noirmoutiers* (île de). Nous rencontrons dans l'exemple suivant le dérivé populaire et le dérivé savant de *monasterium* :

> Que j'aime à voir dans la vallée
>   Désolée,
> Se lever comme un mausolée
> Les quatre ailes d'un noir *moutier!*
> Que j'aime à voir, près de l'austère
>   *Monastère,*
> Au seuil du baron feudataire,
> La croix blanche et le bénitier

4. V. p. 35.

d) La *contraction* resserre et fond en une seule deux voyelles contiguës[1].

On dit qu'il y a contraction par *synérèse* lorsque la consonne séparant deux voyelles est tombée et que les deux voyelles se sont réunies en une diphtongue; ce phénomène se produit, par exemple, lors de la chute de la consonne médiane :

mais	vient de	*ma(g)is*[2] ;
août	—	*au(g)ustum;*
frêle	—	*fra(g)ilem;*
ouïr	—	*au(d)ire;*
traire	—	*tra(h)ere;* etc.

Il y a contraction par *synizèse* lorsqu'on ne prononce pas certaines lettres étymologiques qui se sont conservées dans l'écriture : *paon* (*pan*), de *pa(v)onem;* *taon* (*ton*), de *ta(b)anum;* etc.

3° CHUTE DE LETTRES. — La chute de lettres s'explique par deux causes principales : 1° l'assourdissement des syllabes voisines de la syllabe accentuée; 2° l'incompatibilité de deux sons voisins.

La chute de lettres a lieu par *aphérèse*, par *syncope*, par *apocope*.

a) On appelle *aphérèse* la chute des lettres initiales :

ischiadicum, sciatique	(chute de l'*i*);
illorum, leur	(— de *il*);
Apuliam, Pouille	(— de *a*);
oryza, riz	(— de *o*);
glirem, loir	(— de *g*);
diurnum (djurnum), *jour*	(— du *d*)[3];
homo, on	(— de *h*);
ptisanam, tisane	(— du *p*).

---

1. De même, en latin, *terrai* est devenu *terrae*, en grec *oiko-i* est devenu *oikoi*.

2. Cette étymologie de *mais* nous explique la locution *n'en pouvoir mais;* le patois : *qu'y a-t-il mais? il y en a mais* (*magis* = plus).

3. Nous avons vu (page 28) que l'*i* se change souvent en *j*.

Cependant *oncle, gourde, diamant* ne viennent pas, par aphérèse, de *avunculum, cucurbitam, adamantem,* mais de *auunculum, cuurbtam* [1], *daamantem.* Dans les deux premiers (*auunclum, cuurbtam*), il y a eu syncope suivie de contraction; dans le dernier, *daamantem,* métathèse du *d* suivie de contraction.

b) On appelle en général *syncope* la chute des lettres médianes ou même d'une syllabe entière.

La *syncope des voyelles* a lieu ordinairement lorsque la voyelle est immédiatement voisine de la syllabe accentuée: c'est ce que nous avons appelé *chute de la voyelle brève* [2].

par(a)dísus,	*parvis;*
blasph(e)máre,	*blâmer;*
lib(e)ráre,	*livrer;*
car(i)tátem,	*cherté;*
mast(i)cáre,	*mâcher;*
ánc(o)ram,	*ancre;*
cum(u)láre,	*combler.*

La syncope des consonnes peut se ramener à trois catégories:

1° Les consonnes isolées entre deux voyelles disparaissent: c'est ce que nous avons appelé *chute de la consonne médiane.*

ne(g)are	(*ne'are*),	*nier;*
cru(d)elem	(*cru'elem*),	*cruel;* etc.

2° Si deux consonnes sont de suite, souvent l'une disparaît: *tractare* a perdu **c** et est devenu *traiter* [3]; *captivum* a perdu **p** et est devenu *chétif.*

3° Par la chute des voyelles non accentuées, trois ou même quatre consonnes se trouvent fréquemment de suite; *vindicare* donne *vind'care* (venger), *blasphemare* se trans-

---

1. Le vieux français a *gouourde* pour *gourde.*
2. Comparer les doublets *paradis, blasphémer, libérer, charité, mastiquer, cumuler.*
3. Nous avons vu (page 34) que *c* après une voyelle devient souvent *i.*

forme en *blasph'mare* (blâmer) ; *caritatem* devient *car'ta-tem* (cherté) ; *ancoram* devient *anc'ram* (ancre).

Des lois régulières gouvernent le maintien ou la transformation de ces groupes. La consonne la plus forte, la plus résistante annule ou assourdit ses voisines. Le plus souvent la combinaison se réduit à la perte d'une ou deux lettres :

latrocinium	(*latr'cinium*),	*larcin ;*	perte du *t ;*
**supersaltum*	(*sup'rsaltum*),	*sursaut ;*	— du *p ;*
porticum	(*port'cum*),	*porche ;*	— du *t ;*
**vervecarium*	(*verv'carium*),	*berger ;*	— du *c ;*
testimonium	(*test'monium*),	*témoin ;*	de *st ;*
ministerium	(*min'sterium*),	*métier ;*	— de *ns ;*
hospitem	(*hosp'tem*),	*hôte ;* etc.,	— de *sp.*

Mais souvent cependant le groupe persiste :

MPL : *exemplum, exemple ;*
MBR : *umbram, ombre ;*
RCL : *circulum* (*circ'lum*), *cercle ;*
NDR : *descendere* (*descend're*), *descendre.*

Quelquefois même une syllabe tout entière est syncopée : *ido(lo)latriam, idolâtrie.*

c) L'*apocope* est la chute des lettres finales.

En général, la *voyelle ou la syllabe finale* disparaît toujours, nous l'avons vu, quand elle est immédiatement précédée de la syllabe accentuée.

Les *consonnes finales* se perdent le plus souvent comme :

c dans *locum* (*loc'm*), *lieu ; jocum* (*joc'm*), *jeu ;*
g dans *regem* (*reg'm*), *roi ; legem* (*leg'm*), *loi ;*
t dans *vitam* (*vit'm*), *vie ;*
d dans *nudum* (*nud'm*), *nu ;*
      medium (*me'i'm*), *mi.*

Donc, grâce à l'influence de l'accent tonique prépondérante en français, à la chute des voyelles médianes qui a multiplié les rencontres de consonnes, il n'y a, pour ainsi dire, aucun mot français de formation populaire auquel l'aphérèse, et surtout la syncope et l'apocope, n'aient enlevé quelques lettres.

Telles sont les modifications subies par les mots latins par suite de la perte d'une ou plusieurs lettres; voyons celles qui se sont produites par l'addition de certaines lettres.

Il y a addition de lettres par *prosthèse, épenthèse, paragoge* (ou *épithèse*).

I. On appelle *prosthèse*, l'addition d'une lettre au commencement d'un mot.

1° *Ou bien la lettre ajoutée est une voyelle :*

Au commencement des mots dont les premières lettres sont *sc, st, sp, sm, sn,* on a ajouté souvent un **e** :

sperare,	e*spérer ;*
**scalarium,*	e*scalier ;*
stare,	e*ster ;*
stomachum,	e*stomac ;*
spiritum,	e*sprit ;*
**scandalum,*	e*sclandre ;*
scientem,	e*scient.*

Cette prosthèse de l'*e* n'a rien d'étonnant; elle a lieu pour faciliter la prononciation, et nous entendons encore certaines personnes dire *estatue, espécial,* pour *statue, spécial.* Cet adjectif *spécial,* qui correspond à *espèce,* nous montre que certains adjectifs n'ont pas l'*e* prosthétique de leur substantif : cela vient de ce que le substantif est de formation populaire, et l'adjectif correspondant de formation savante : *espèce, spécial; esprit, spirituel; estomac, stomachique; espace, spacieux; étang (stagnum), stagnant; école (schola), scolaire; étude (studium), studieux.* Ces derniers substantifs nous feront remarquer que l'*e* prosthétique a fait à la longue disparaître l'*s* primitif, phénomène que nous retrouvons dans :

épine	de *spinam ;*
écrire	de *scribere ;*

> *époux*   de *sponsum ;*
> *émeraude* de *smaragdum ;*
> *étroit*   de *strictum ;*
> *échelle*   de *scalam ;*
> *étoile*   de *stellam ;*
> *écu*   de *scutum,* etc.

Souvent le substantif de formation populaire a un **e** que n'a pas le mot de formation savante dérivé du même mot latin ; d'où des doublets :

> **scandalum,*   esclandre,   scandale ;
> scolarem,   écolier,   scolaire, etc.

2° Ou bien la lettre ajoutée est une consonne :

> *ranunculam,*   **g**renouille ;
> *umbilicum,*   **n**ombril ;
> *altum,*   **h**aut ;
> *ostium,*   **h**uis ;
> *ostiarium,*   **h**uissier, etc.

3° Ou bien il y a eu addition d'une consonne, puis d'une voyelle :

> *carbunculum,*   **e**scarboucle ;
> *draconem,*   **e**stragon.

Cette dernière espèce de prosthèse est le résultat d'une corruption antérieure du mot : *carbunculum,* devenu *scarbunculum.*

C'est par suite d'une prosthèse que l'on trouve l'article soudé avec le nom [1] :

> **l**ierre   (l'ierre, *hedera*) ;
> **l**oriot   (l'oriol, *aureolum*) ;
> **l**endemain (l'endemain, *inde mane*) ;
> **L**ille   (L'Ile, *insula*) ;

---

1. Littré, *Histoire de la langue française,* I, xviii, 92. — Brachet, *Grammaire historique,* p. 134. — A. Bailly, *Manuel,* etc., p. 199.

luette   (l'uette, *uvetta*);
lors   (l'ores, *hora*)[1];
lendit ou *landit* (*l'endit*)[2].

On trouve dans Amyot *alenviron* pour *à l'environ, des environs :* « Toutes occasions de guerre estoient partout esteintes et amorties : à cause que non seulement à Rome, le peuple se trouva amolly et adoucy par l'exemple de la justice, clémence et bonté du roy, mais aussi aux *villes d'alenviron* commença une merveilleuse mutation de mœurs. » (*Vie de Numa.*)

C'est aussi, à ce que l'on croit, par suite d'une prosthèse qu'un **t** a été soudé au roman *ante* (en latin *amita*) et a donné *tante*. La vieille langue élidait ordinairement le pronom possessif féminin devant un substantif commençant par une voyelle : *mamie*, pour *ma amie*, *t'espée* pour *ta épée*, etc.

II. L'*épenthèse* est l'addition d'une lettre dans le corps d'un mot. — L'**h** se trouve souvent ajoutée entre deux voyelles pour empêcher la contraction qui aurait lieu par suite de la chute de la consonne médiane : cette aspiration est un reste de l'effort produit par la prononciation de la consonne :

trahir,   de *tradere* (*tra'ere*);
Cahors,   de *Cadurcos* (*Ca'urcos*), etc.

Le plus souvent les lettres épenthétiques apparaissent au milieu d'un groupe de consonnes ; elles servent à faciliter la prononciation :

generum   (gen'rum)   *gendre;*
spinulam   (spin'lam)   *épingle;*
cameram   (cam'ram)   *chambre;*
cumulare   (cum'lare)   *combler;*
numerum   (num'rum)   *nombre;*
ponere   (pon're)   *pondre;*

---

1. Sur l's ajoutée à *ores* et *lors*, V. p. 48.
2. Nom d'une foire célèbre qui se tenait à Saint-Denis, près Paris.

humilem	*(hum'lem)*	*humble ;*
tenerum	*(ten'rum)*	*tendre ;*
**essere*	*(ess're)*	*estre, être ;*
crescere	*(cresc're)*	*croître,* etc.

D'autres apparaissent pour renforcer le son de la voyelle ou de la consonne après laquelle on les place :

laternam,	*lanterne ;*
perdicem,	*perdrix ;*
fundam,	*fronde.*

III. La *paragoge* consiste à ajouter une lettre à la fin d'un mot, quand rien ne justifie étymologiquement cette lettre :

| *sans* | de *sine ;* |
| *coing* | de *cotoneum,* etc. |

L'*s* de *lis* et de *legs* que l'on dit ajoutée par paragoge est étymologique ; *lis* vient du latin barbare **lilius* pour *lilium,* et *legs* de **legatus* pour *legatum.* Quant à celle de *lors,* qui est pour *l'ores,* comme nous l'avons vu, elle est, comme celle de *lis,* de *legs,* de *fils,* etc., un vestige de la déclinaison romane[1] : le nom singulier, employé comme sujet, avait un *s* : *li chevals, li homs,* etc. Cet *s* de *ores* se trouve encore dans la locution *d'ores et déjà.*

Jusque prend un *s* dans la locution *jusques à quand,* sans qu'on puisse justifier cette addition autrement que par l'euphonie.

Soigner vient de *soing* et non de *soin ; besoigneux* de *besoing ;* ces formes *soing, besoing,* se trouvent dans la langue du seizième siècle ; le *g* n'y a pas plus de raison d'être que dans *ung* pour *un.* On a voulu sans doute marquer plus clairement la prononciation nasale de *oin* et de *un.*

On ajoute encore souvent, dans la langue populaire, un

1. Ch. vi, p. 60.

z à *quatre :* regarder quelqu'un entre *quatre-z-yeux.* Les
lettres euphoniques seraient peut-être plus souvent employées, si l'élision ne nous permettait d'éviter les hiatus
désagréables. Le **t**, que l'on ajoute à la troisième personne
du singulier du présent de l'indicatif de la première conjugaison, *aime-t-il, va-t-il,* est étymologique [1].

CHAPITRE V

SOMMAIRE. — Des dialectes dans l'ancienne langue française, la langue
d'oc et la langue d'oïl. — Leurs subdivisions. — Des patois ; utilité de
leur étude.

Pendant que le latin subissait dans la Gaule les transformations qui en firent le roman, des changements analogues s'opéraient pour des causes semblables dans les
pays voisins, en Italie, en Espagne, en Portugal, en Rou-
manie. Les diverses influences de race, de climat, de sol,
donnèrent à ces langues leurs caractères spécifiques. En
France même, cette triple influence se fit sentir dans la
formation du roman qui se divisa en deux langues : dans
le midi, la langue d'*oc ;* dans le nord, la langue d'*oïl,* où
les mutations du latin sont plus sensibles dans la forme
et la sonorité des mots [2].

Ces noms de *langue d'oc* et *langue d'oïl* viennent de la
manière différente de dire *oui* au midi et au nord [3]. *Oc* est
le démonstratif latin *hoc, ceci. Oïl* est formé de la réunion
des deux pronoms *hoc* (ceci) et *illud* (cela) par la chute de
la consonne médiane *c.* Les mêmes éléments constituent
ces deux langues qui ne diffèrent d'abord que par des caractères secondaires d'euphonie.

La *langue d'oc* conserve encore un certain aspect latin
qui la rapproche de l'italien et de l'espagnol ; elle forme

1. Ch. x, p. 114.
2. Aubertin, *Histoire de la langue et de la littérature françaises,* t. Ier, p. 159.
— Littré, *Histoire de la langue française,* ii, 96-100.
3. De même l'italien est appelé la langue de *si.*

une langue intermédiaire entre ces deux langues et la
langue d'oïl, où les mots sont plus altérés, où les voyelles
ont permuté, et où, si l'on n'en croyait que l'oreille, dit
M. Littré, on s'imaginerait être hors du monde latin. On
peut suivre les gradations de la déformation d'un mot latin
des bords du Tibre au littoral de la mer du Nord : « le
latin *masculus* donne en italien *maschio*, en espagnol
macho, en provençal *mascle*, en français *mâle*, en wallon
mâie[1] ». Et si nous voulons suivre cette extinction du
latin plus loin encore, nous n'avons qu'à considérer les
mots français d'origine latine transportés en Angleterre
par la conquête normande. Si, pour la plupart, l'orthographe nous permet de les reconnaître, la prononciation
les défigure complètement.

La ligne de démarcation entre la *langue d'oc* et la
langue d'oïl peut être tracée par une ligne partant de la
Rochelle et allant à Grenoble[2]. Mais il est clair que, sur
les frontières, les caractères particuliers à chaque idiome
s'atténuaient, se confondaient et formaient une sorte de
langue mixte; il y avait, comme pour les couleurs du
spectre solaire, des dégradations insensibles par lesquelles
on passait d'un idiome à l'autre.

Ces deux langues se divisent elles-mêmes en *dialectes*.
On appelle *dialectes* les variétés qu'admet une même
langue suivant les différentes contrées où on la parle. Ce
ne sont pas des patois; car les patois ne sont que des

---

1. Littré, ouvrage cité.
2. « L'ancien domaine de la langue française commence, au nord, sur le
littoral de l'Océan, entre Calais et Gravelines. La limite passe à Saint-Omer,
un peu au-dessous de Courtrai et de Bruxelles; au nord de Liège; un peu à
l'est de Spa; puis entre Verviers et Aix-la-Chapelle; elle descend de là jusqu'à
Longwy et Thionville, à quatre lieues à l'est plus loin que Metz; un peu plus
loin à l'est que Château-Salins, Blamont, Senones, Saint-Dié, Gérardmer et
Belfort; à trois lieues environ à l'est de Montbéliard, et de là jusqu'à Fribourg
par Soleure et Neufchâtel. La ligne frontière embrasse, en effet, les cantons
de Vaud et de Neufchâtel, avec une partie du Valais et des Grisons; elle finit
par aboutir, par Sion, au mont Rosa et à Grenoble. — En faisant partir une
seconde ligne depuis l'embouchure de la Charente à Rochefort, et en la faisant
passer à Angoulême, un peu au-dessus de Limoges, puis par Clermont, Mont-
brison, Vienne, Grenoble, et enfin à Saint-Jean-de-Maurienne jusqu'au mont
Cenis, on aurait les bornes complètes de la langue d'oïl. — Il convient cependant d'ajouter que l'on parle breton derrière une ligne qui part de Saint-
Brieuc, passe à Loudéac, suit le cours de la rivière de l'Oust jusqu'à son con-
fluent à la Vilaine, et aboutit à l'embouchure de la Vilaine. » (Léon GAUTIER.)

restes de la vieille langue défigurée par le temps et la négligence.

Il y avait quatre dialectes dans la langue d'oc : le *provençal*, le *languedocien*, le *gascon*, le *limousin*. Le provençal se perfectionna rapidement, et, au treizième siècle, la culture littéraire était déjà très avancée dans le midi. Mais cédant à la pression de la langue d'oïl importée par les circonstances politiques, par la réunion du Languedoc à la France en 1272, sous Philippe III, il disparut peu à peu et fut réduit à l'état de patois.

La langue d'oïl était aussi divisée en un grand nombre de dialectes ; il y en avait presque autant que de provinces. « Son domaine s'étendait depuis les extrémités du bas de la Loire jusqu'aux rivages de la mer du Nord, comprenant le Maine, l'Anjou, la Normandie, tout le bassin de la Seine, de la Marne avec une partie de la Lorraine, de la Bourgogne [1]. »

Les dialectes de la langue d'oïl peuvent se ramener à quatre principaux : le *normand*, le *picard*, le *français*, le *bourguignon* [2]. « Chacun de ces dialectes, tout en étant de la langue d'oïl, garde sa spécificité. Dans la distribution géographique de ces dialectes, rien n'est fortuit ; un système spontané, naturel, les détermine ; et, quand il est aperçu, on aperçoit en même temps que rien n'y peut être déplacé et que les dialectes tiennent, comme les idiomes dont ils sont les parties, juste la place marquée par la loi de dégradation géographique du latin [3]. »

C'est le dialecte de l'Ile-de-France, le *français*, qui prévalut ; l'usurpation de Hugues Capet en décida en fixant le

---

1. Aubertin, ouvrage cité, p. 162.
2. Voici quelques formes comparées du normand, du picard et du bourguignon :

		NORMAND	PICARD	BOURGUIGNON
roi	=	rei	roi	roi
soleil	=	soleus	solaus	solous, soloil
palais	=	palez	palais	palois
moine	=	muine	moignes	moine
jongleur	=	jugleor, jogler	jougleor	jugleor
peur	=	poür	paour	peor, etc.

3. Littré, 1, 43 ; 11, 93.

siège du royaume, ou, pour parler plus exactement, la tête
du système féodal à Paris. « Tant que ce système fut en
pleine vigueur et que la royauté n'eut, sur de grands vas-
saux aussi puissants qu'elle, d'autre prérogative que de
recevoir d'eux foi et hommage, les langues d'oc et d'oïl
florirent avec leurs dialectes... L'unité royale grandissant,
la diversité provinciale diminua, et peu à peu le parler de
l'Ile-de-France, de Paris, et d'un rayon plus ou moins
étendu prévalut[1]. » Le français devint la langue élégante,
et la mode en devint si puissante que l'accent picard avec
lequel Quesnes de Béthune (1150-1224) lut ses vers à la
cour lui attira les railleries des seigneurs et des dames.
Au quatorzième siècle, Gaston Phœbus, comte de Foix
(1331-1391), écrivit en français son traité des *Déduits de
la chasse des bestes et des oiseaulx de proye*.

Tout en détrônant les autres dialectes, le français en
conserva quelque trace. Il prit au dialecte normand les
impératifs, les conditionnels en *ai* et quelques désinences
de substantifs. Il garda, par exemple, le masculin *roy*,
mais abandonna *royne* et prit *reine* au dialecte picard.
Il garda *poids*, mais abandonna *poiser*, qu'on trouve
encore dans Villon[2] et même dans Passerat, et prit *peser*,
de *peis*. C'est ainsi que les mots picards *camp*, *cainpagne*,
caisse, etc., ont été reçus à côté des mots français *champ*,
champagne, *châsse*, et ont signifié autre chose.

Ainsi constituée, la langue française eut, dès le
treizième siècle, une influence et un éclat extraordinaires.
Transportée en Angleterre par la conquête normande, en
Grèce, en Orient[3] par les Croisades, en Italie par les
guerres de Charles VIII, elle devient la langue univer-
selle. Le Vénitien Marco Polo raconte ses voyages en
français, Martin de Canale compose en français son histoire de Venise, *pour ce que*, dit-il, *langue françoise court
parmi le monde, et est plus délitable (délectable), à lire et à*

---

1. Littré, II, 101.
2. Villon (1431). — Jean Passerat (1534-1602), un des auteurs de la célèbre
satire Ménippée, a laissé en outre quelques poésies.
3. Les *Assises de Jérusalem* furent publiées en français.

ouïr que nulle autre ; c'est en français enfin que le maître de Dante, Brunetto Latini (1220-1294) exilé à Paris, écrivit son *Trésor de toutes choses* (li Livres doù tresor) « *pour chou que nous sommes en France et pour chou que la parleure en est plus délitable et plus commune à toutes gens.* »

Le français devint donc la langue à la mode, et par son développement harmonieux, par la clarté, l'ampleur, la force qu'il reçut des grands écrivains, il mérita l'éloge un peu emphatique que lui décernait plus tard un bel esprit du dix-huitième siècle : « Si on ne lui trouve pas les mignardises de la langue italienne, son allure est plus mâle ;... sûre, sociale, raisonnable, ce n'est plus la langue française, c'est la langue humaine [1]. »

Pendant que les dialectes subissaient tous l'influence de l'un d'entre eux, le français, et s'effaçaient devant lui, dans les petites villes, dans les villages, subsistait un certain nombre de formes romanes, qui eurent le même sort que les mots latins et s'altérèrent, par suite soit d'additions de lettres, soit de contractions, soit d'interversions. C'est l'origine des patois [2]. Les patois sont donc des restes de la vieille langue [3]. Ainsi quand nous entendons quelqu'un dire *il at aüt,* nous reconnaissons la forme de la 3° personne du singulier *at,* avec le *t* étymologique, et le participe passé *aüt* de *habitum.* Celui qui dit : *il ataüt,* pour *il a eu,* parle, dans un sens, plus français que celui qui dit *il a-z-eu.* Les changements phoniques que nous

---

1. Rivarol, *Discours sur l'universalité de la langue française.*
2. L'étude des patois est considérable et demanderait de longues années pour être complète. Beaucoup d'érudits contemporains se sont occupés de cette question, et les ouvrages à consulter ne manquent pas.
3. « Les patois plongent, comme le français, par leurs racines, dans le latin, d'où toute langue romane dérive, et dans le compartiment provincial qui les a produits. Ils répondent, autant que peuvent faire des idiomes qui n'ont plus été cultivés ni écrits depuis le quatorzième ou le quinzième siècle, aux anciens dialectes de la langue d'oïl, qui furent si productifs et si florissants. Ils en tiennent la place ; ils en occupent les circonscriptions et en ont gardé mainte visible trace. Beaucoup de mots, beaucoup de tournures, oubliés ailleurs, survivent dans les différents patois ; en lisant les glossaires, en causant avec les paysans et les ouvriers, on trouve que le vieux langage est moins mort qu'on ne croyait. » (LITTRÉ, II, 94.) — Les patois, ou leurs ancêtres, les dialectes, sont les racines par lesquelles les grandes langues littéraires tiennent au sol. (ID., *ibid.,* 103.)

avons observés dans le passage des mots latins en roman se retrouvent dans le passage des mots romans en patois. Ainsi nous constatons :

1° Des disparitions de lettres : *piqueu* pour *piqueur*, *couri* pour *courir*, *abre* pour *arbre*, *flau* pour *fléau;* etc.

2° Des interversions : *dreumir* pour *dormir*, *predu* pour *perdu*.

3° Des additions : *espectacle*, *estérile*.

4° Des contractions : *qri* pour *quérir*.

5° Des permutations : *sercler* pour *sarcler*, *piarre* pour *pierre*, *lerme* pour *larme*. *Lerme* dérive régulièrement de *lacrima* par l'intermédiaire de *lairme* que l'on trouve jusque dans les auteurs du seizième siècle.

6° On diphtonguera certaines voyelles : *eune* pour une. Par contre on dira *viu* pour *vieux*, *Diu* pour *Dieu*.

En tous pays, les patois conservent fidèlement certaines formes de vieux langage, certains vieux mots : ainsi le latin *adducere* (amener) nous reste dans le patois *adduire*, comme *inducere*, *conducere*, nous restent dans *induire*, *conduire;* *biaude* ou *bliaude*, signifiant *habit*, est le roman *blialt*[1] que l'on trouve plusieurs fois dans la *Chanson de Roland* (vers 303, 2172); c'était le vêtement qui se portait sous la tunique de mailles ou sous un manteau de fourrures :

> Li autre l'ont maintenant désarmé ;
> Del dos ostent le bon osberc saffré ;
> Ens el *blialt* est Hues demorés.
> (HUON DE BORDEAUX.)

Champeyer de **campicare*, mener paître, paître; *alagne* (avellana) noisette ; *aragne* (aranea), araignée; *arantèle* (araneæ tela), toile d'araignée; *aime* (anima), esprit; *aigue*, *édie* (aqua), eau; *acouter* (auscultare), *aucouter* pour *écouter;* *taule* (tabula, tab'la), table; *seille* (situla), seau; *ouailles* (ovilia), brebis; etc.

---

1. L. Gautier, *Chanson de Roland*, 3e éclaircissement; p. 391. — J. Quicherat, *Histoire du costume en France;* p. 130.

L'article est encore *li*, comme en roman.

Les substantifs et les adjectifs ont des restes du cas-sujet : *jos* (coq), *leus* (loup); du cas-régime : *votron* (vestrum), votre. Les noms ont conservé leur ancien genre : *un* fourmi, *une* serpent, *une* lièvre, de *la* poison; *âge* est du féminin comme au seizième et au dix-septième siècle : « Ceste cage courante (Rabelais, *Pantagruel*, V, prologue). » On le trouve féminin dans Malherbe et dans Corneille[1]. *Affaire* a conservé l'ancien genre masculin, qu'il avait encore au seizième siècle :

> Afin qu'en *ce* soudain et important affaire
> Il me baille conseil sur ce que je dois faire.
> (JEAN DE LA TAILLE, *Saül furieux*, 1562.)

Tous était *tuit* dans Joinville et se dit encore ainsi en patois.

Les pronoms sont à peu de chose près les mêmes : *ci* (en roman *cil*) pour *ce, cet; lour* pour *leur*.

Les patois ont gardé les imparfaits en *ove;* quelques-uns ont même une forme de conditionnel qui se rapproche singulièrement de l'imparfait du subjonctif passif latin : je *muretrains*, pour je *mourrais*, etc.

Ajoutons des déformations de mots venues de la négligence et de l'ignorance : *zuzemin* (jugement), *achetta* (assiette), *sarraillis* (serrure); ce dernier est peut-être une onomatopée imitant le grincement d'une vieille serrure rouillée.

Il serait superflu d'entrer dans de plus grands détails. Ce qui précède suffit pour faire comprendre ce que c'est que les patois et en même temps pour montrer que, loin d'être, comme le prétendent quelques personnes, un obstacle qui paralyse les efforts de l'instituteur dans l'enseignement du français, il peut être un auxiliaire utile. Voici, du reste, à cet égard, l'opinion de M. Littré et celle de M. Michel Bréal :

« En wallon, *can* est le côté le plus étroit d'un objet :

---

1. Godefroy, *Lexique de la langue de Corneille*, II, p. 407.

mète one brike so s'kan se traduit par : *mettre une brique
de champ*. *Cant* ou *chant*, suivant le dialecte, se trouve
dans le vieux français avec le sens de *coin*, et il a fourni
dans le français moderne, suivant le dialecte où on le pui-
sait, *canton* et *chanteau*. *Canto*, en italien et en espagnol,
est le même mot, né d'un radical qui d'ailleurs, se trouve
à la fois dans l'allemand *kanthe*, côté le plus étroit, dans
le celtique *cant*, bord, dans le latin *canthus*, bord de la
roue, et enfin dans le grec *canthos* (κανθός), coin de l'œil.
La locution actuelle « *de champ* » n'a donc rien de commun
avec *campus*; ceux qui l'ont écrite, ne la comprenant plus,
l'ont, ce qui est arrivé tant de fois, assimilée à un mot
connu et compris; et c'est ainsi que *chant* (véritable orthographe) a été confondu avec *champ*: un coin, un bord
étroit, avec la campagne[1]. »

Dans une conférence sur l'enseignement du français à
l'école primaire, M. Bréal indique quel sera le rôle du
patois dans cet enseignement :

» Dans un pays où l'on parle patois, que doit faire une
institutrice, une directrice d'école? doit-elle proscrire
entièrement cette langue populaire?

» Le patois est l'ancienne langue française qui n'a pas
reçu de culture littéraire. A l'origine, plusieurs dialectes
se partageaient la France, celui de Paris a eu le privilège
de devenir la langue de la nation, c'est donc cette langue
seule qui doit être enseignée à l'école. Mais, d'un autre
côté, il y aurait du danger à inspirer aux enfants du mépris pour la langue populaire, pour celle dont se servent
leurs parents; il y a là une question de respect et pour
ainsi dire de moralité. De plus, dans bien des cas, on peut
se servir des patois pour enseigner le français d'une manière intéressante; les mots s'y sont formés dans un ordre
quelquefois plus logique qu'en français, où, par exemple,
le mot *tante* n'est pas conforme à l'étymologie. *Tante* se
disait anciennement *ante* du latin *amita*, d'où *ta ante*,
par abréviation *t'ante*, et enfin *tante* par le rapprochement

---

1. Littré, *Hist. de la langue fr.*, II, 150.

du *t* et la suppression de l'apostrophe[1]. Dans le Dauphiné *tante* se dit « *ando* » mot plus conforme à l'étymologie. Le soir en provençal se dit « *vespre* », « *vindraï de vespre* » je viendrai ce soir; « *vespre* » est conforme à l'étymologie latine « *vesper* ».

» On trouve aussi dans les patois bien des richesses qu'il ne faut pas mépriser. Les patois du midi, surtout, avec leurs diminutifs constituent une langue pittoresque et plus riche que le français. Ainsi, par exemple, dans le Midi une petite heure se dit « *una ouretta* », et pour dire une vie pleine de misères, on ajoute au mot vie « *vida* » une particule péjorative qui renforce l'idée « *una vidassa dé miséra* ». Ce sont les suffixes *etto* et *accio* de l'italien.

» Il y a encore dans l'emploi du patois une utilité pratique; par le patois, les paysans des Pyrénées communiquent avec les Espagnols et ceux des Alpes avec les Piémontais.

» Pour *certaines leçons de grammaire*, le patois peut fournir un bon point de départ et contribuer ainsi à maintenir à l'école son caractère populaire. C'est ainsi qu'en histoire, à propos des grands hommes, on choisit de préférence ceux qui sont nés, qui ont vécu dans le pays; en géographie on commence par enseigner aux enfants la géographie de la commune, puis celle du département. »

CHAPITRE VI

Sommaire. — Du substantif. — Réduction de la déclinaison latine. — Déclinaison romane. — *Règle de l's*. — Des genres; disparition du genre neutre. — Des nombres.

Nous avons vu comment le français est issu du latin, sous l'empire de quelles règles instinctives, mais immuables, s'est opérée cette transformation, quelles modifications ont subies, en général, les mots latins, dans leurs

---

1. Voir, sur cette addition d'un *t* à *ante*, p. 44.

voyelles et leurs consonnes, pour devenir des mots français; il nous reste à examiner ces mots dans la transformation particulière à chaque espèce, et à observer ce qu'ils sont devenus en roman, puis en français moderne.

Nous reconnaîtrons que les phénomènes principaux qui signalent le passage des mots latins en français sont les suivants :

1° Réduction de la déclinaison latine;

2° Suppression du neutre;

3° Création de l'article;

4° Introduction de temps composés pour le passé dans la conjugaison;

5° Formation d'un nouveau mode, le conditionnel;

6° Le passif exprimé, non plus par des désinences, mais par une combinaison du verbe être avec le participe passé;

7° L'organisation des auxiliaires pour le service de la conjugaison;

8° La conception d'un nouveau type de l'adverbe à l'aide du suffixe *ment*[1].

De même que nous avons, en français, des terminaisons distinctes pour marquer le genre et le nombre, de même, en latin, les mots avaient des terminaisons différentes pour marquer, outre le genre et le nombre, leur fonction syntaxique. On appelait ces terminaisons *désinences casuelles*, du mot *cas*, par lequel on indiquait la forme revêtue par le mot pour exprimer les divers rapports qui l'unissaient à d'autres. Il y avait six cas : le nominatif, le vocatif, le génitif, le datif, l'accusatif, l'ablatif. Un exemple rendra plus claire cette énumération.

Prenons le mot *murus*, qui signifie *mur*.

Si je dis : le *mur* est haut; *mur* est sujet; il se mettra au nominatif : *murus;*

Si, découragé par la hauteur du mur, je m'écrie : *ô mur*, que tu es haut; *mur* sera au vocatif : *mure;*

La hauteur *du mur* est effrayante; *mur* est complément déterminatif de *hauteur;* il se mettra au génitif : *muri;*

---

1. Littré, *Dictionnaire de la langue française,* préface, p. XLVII.

On a donné *au mur* une grande hauteur; *mur*, complément indirect d'un verbe, sera au datif : *muro;*

Je vois *le mur :* ici *mur* est complément direct; à l'accusatif, *murum;*

Je suis tombé *du mur; mur*, complément indirect de lieu, à l'ablatif : *muro*. Il en serait de même s'il indiquait la cause, l'instrument, la matière.

Dans les mêmes circonstances, *murus*, au pluriel, prendrait des formes différentes; nous aurions :

Pluriel : nominatif, *muri;* vocatif, *muri;* génitif, *murorum;* datif, *muris;* accusatif, *muros;* ablatif, *muris.*

Ces exemples, tout en nous montrant les différentes formes revêtues par le même mot, nous apprennent que le nominatif (*nominativus*, de *nominare*, nommer) est le cas du sujet d'un verbe à un mode personnel; il est aussi celui de l'attribut du sujet; il sert à nommer la personne ou la chose; le vocatif (*vocativus*, de *vocare*, appeler) sert à adresser la parole à quelqu'un ou à quelque chose; le génitif (*genitivus*, de *gignere*, *genitum*, produire) désigne possession, filiation, liaison; le datif (*dativus*, de *dare*, donner), l'attribution, le but, la destination; l'accusatif (*accusativus*), l'objet, le terme d'une action, la direction de l'esprit ou du corps vers un objet; enfin l'ablatif (*ablativus*, de *auferre*, *ablatum*, enlever) sert à exprimer l'instrument ou le moyen, le lieu de départ, la séparation, le lieu où l'on est, etc.

Dans *murus*, qui nous a servi d'exemple, la dernière syllabe du mot est :

	Singulier.	Pluriel.
Nominatif :	*us,*	*i.*
Vocatif :	*e;*	*i.*
Génitif :	*i,*	*orum (or'm).*
Datif :	*o,*	*is.*
Accusatif :	*um,*	*os.*
Ablatif :	*o,*	*is.*

Revêtir un mot de toutes ces formes successives s'appelait le *décliner*. Ces formes n'étaient pas les mêmes pour tous; les mots suivaient cinq systèmes différents de flexions ou *déclinaisons*, qui correspondaient aux divers radicaux de ces mots. *Murus* appartient à la deuxième déclinaison.

Ces cinq déclinaisons classiques disparurent du latin de l'époque mérovingienne. Les terminaisons avaient, depuis longtemps, perdu leur valeur dans le latin populaire, et l'usage des prépositions les rendait à peu près inutiles[1]. On construisit ces dernières sans aucun souci des cas qui les accompagnaient dans le latin classique : il en résulta une disparition graduelle de ces cas, et, dès le cinquième siècle, le roman n'en conserva que deux, le *cas-sujet*, ou nominatif, et le *cas-régime*, ou accusatif, parce que ces deux cas étaient plus fréquemment employés que les autres[2]. Il resta donc une sorte de déclinaison à deux cas, qui suivit d'abord trois modèles au lieu de cinq, car la quatrième déclinaison s'était fondue dans la seconde, et la cinquième dans la première; c'est-à-dire que les noms masculins de ces deux déclinaisons se sont fondus avec la deuxième déclinaison latine dont les noms étaient pour la plus grande partie masculins, et les noms féminins se sont assimilés à ceux de la première, généralement féminins.

Cette *réduction de la déclinaison latine*, réduction qui ira jusqu'à amener sa disparition, est un premier phénomène

1. « Le caractère général du latin classique était, par dessus tout, la synthèse. Mais le caractère général du latin populaire, de la *lingua romana*, et du français, est, tout au contraire, l'analyse. On y emploie les prépositions pour remplacer les cas latins... Les flexions perdent de leur valeur, la synthèse s'en va, l'analyse triomphe. » (Léon GAUTIER.) — « Dans cette formation de notre langue, l'analogie, dit ailleurs M. L. Gautier l'analogie à joué un rôle considérable et qu'il est particulièrement facile de constater dans le système de la déclinaison et de la conjugaison françaises. »

On appelle *langues synthétiques* celles où chaque mot indique, non pas seulement une idée, mais aussi, grâce à sa désinence, quel est le rapport qui l'unit aux autres mots d'une même proposition, et son rôle dans cette proposition. Aussi, dans ces langues, l'inversion est très facile. Chaque mot par lui-même, indique le rôle qu'il joue dans la phrase. Les *langues analytiques*, au contraire, sont celles où les mots expriment seulement les idées, et où les rapports de ces mots sont marqués par d'autres mots particuliers, comme les prépositions, les adverbes.

2. Le génitif pluriel latin persista cependant dans quelques formes qui ont disparu; il ne nous reste que *leur* du génitif *illorum* (de l'adjectif ou pronom démonstratif *ille*) et *chandeleur* (du génitif *candelarum*). Brachet, *Grammaire historique*, p. 155, en note.

3.

à constater parmi ceux qui caractérisent les modifications syntaxiques subies par le latin pour devenir le roman.

On eut donc les trois déclinaisons suivantes, à deux cas, au lieu de cinq déclinaisons à six cas.

1re DÉCLINAISON

	Singulier.	Pluriel.
Sujet :	corona, *corone*; coronæ,	*corone* ;
Régime :	coronam, *corone*; coronas,	*corones*;

2° DÉCLINAISON

	Singulier.	Pluriel.
Sujet :	murus, *murs*; muri,	*mur*;
Régime :	murum, *mur*; muros,	*murs*.

3e DÉCLINAISON

	Singulier.	Pluriel.
Sujet :	pástor, *pastre*; pastóres,	*pasteur*;
Régime :	pastórem, *pasteur*; pastóres,	*pasteurs*.

Nous voyons, dans cette troisième déclinaison, que le déplacement de l'accent tonique [1] donne deux formes distinctes, l'une pour le sujet (*pástre*), l'autre pour le régime (*pasteur*) : nous en avons vu des exemples en parlant des doublets ; ils sont nombreux parmi les mots de cette déclinaison, car, dit M. Littré [2], « la règle est constante : le déplacement de l'accent dans le mot latin, suivant qu'il s'agit du sujet ou du régime, donne en roman deux formes dont l'emploi est déterminé : la première sert pour le sujet, la seconde sert pour le régime. » En voici de nouveaux exemples :

1. G. Paris, *Étude sur le rôle de l'accent latin dans la langue française.*
2. Littré, *Histoire de la langue française*, II, 329.

Cas-sujet		Cas-régime	
*báro,	*ber*,	barónem,	*baron ;*
sóror,	*suer (sœur)*,	sorórem,	*seror ;*
*ábbas,	*abbe*,	abbátem,	*abbé ;*
ínfans,	*enfe*,	infántem,	*enfant ;*
venátor,	*venere*,	venatórem,	*veneor ;*
			(veneur) ;
cómes,	*cuens*,	comítem,	*comte ;*
	(ou *quens*),		
cántor,	*chantre*,	cantórem,	*chanteur*, etc.

Mais il y a des mots où l'accent tonique ne se déplace pas, c'est-à-dire frappe la même syllabe, en latin, au cas-régime qu'au cas-sujet :

> *pánis* et *pánem*, pain ;
> *páter* et *pátrem*, père ;
> *máter* et *mátrem*, mère, etc.

Ils ne donnent pas de doubles formes.

D'autres enfin n'ont qu'une forme, modelée sur le cas-régime latin : *lion* de *leonem*.

Quant au vocatif, c'est-à-dire à la forme que revêt le nom de la personne ou de la chose à laquelle on adresse la parole, il est formé tantôt sur le cas-sujet, tantôt sur le cas-régime.

Nous voyons donc que partout l'accent latin est respecté, et que, sauf un cas, le cas-sujet pluriel de la 3e déclinaison, le roman prend **s** partout où le latin le met.

Mais ce système de trois déclinaisons à deux cas était encore trop compliqué. On confondit ces déclinaisons en une seule qui eut pour modèle la deuxième, qui était la plus fréquemment employée parce qu'elle contenait un plus grand nombre de mots.

Or, la caractéristique du cas-sujet singulier de cette deuxième déclinaison était **s** : *murus, dominus, Carolus ;* cet **s** disparaît au cas-régime singulier (*murum, dominum, Carolum*), ainsi qu'au cas-sujet pluriel (*muri, domini*), et reparaît au cas-régime pluriel : *muros*, *dominos*; d'où résulta la déclinaison *unique* suivante :

	Singulier.	Pluriel.
Sujet :	*murs* (murus);	*mur* (muri);
Régime :	*mur* (murum);	*murs* (muros);

c'est-à-dire *s* au sujet singulier et au régime pluriel; pas d'*s* aux autres cas. Quelques exemples feront mieux comprendre cette règle.

> Li *quens Rollanz* veit l'*arcevesque* à terre...,
> ...Desur sun piz, entre les *dous furcheles*,
> Cruisiées ad ses *blanches mains* les *beles*,
>   (*Chanson de Roland*, v. 2246, 2249, 2250.)

Le comte Roland voit l'archevêque à terre... sur sa poitrine, entre les deux épaules, il lui a croisé ses blanches mains, les belles.)

« *Sire cuens de Champaingne, li roys a entendu que vous avez convenances au conte Perron de Bretaingne que vous penrez sa fille par mariage.* » (JOINVILLE, XVIII, 81.)
(Sire comte de Champagne, le roi a appris que vous avez conventions avec le comte Pierre de Bretagne pour prendre sa fille en mariage.)

Nous voyons les sujets *quens*, *Rollanz*, *roys*, sujets singuliers, avec l's; les régimes singuliers *arcevesque*, *terre*, *conte*, *Perron*, *Bretaingne*, *fille*, *mariage*, sans s; les régimes pluriels *les dous furcheles*, *ses blanches mains*, *les beles*, avec l's; dans les exemples suivants nous verrons le sujet pluriel sans *s* :

Quant li cuens Pierres (sujet singulier) *et li baron* (sujet pluriel) *de France oïrent ce...* (JOINVILLE, XVIII, 82.) (Quand le comte Pierre et les barons de France entendirent cela...)

« *Li bon destrier* sont las et recrëu... » Les bons destriers sont las et harassés. (*Chanson de Raoul de Cambrai*[1].)

____

[1]. Aubertin, *Choix de textes de l'ancien français*, p. 31.

Ces exemples nous fourniront plusieurs remarques :

a) *Rollanz* est terminé par un *z* et non par un *s*, parce que ce *z* tient la place de *ds* (**Hruodlandus, Rolland's*), de même que nous avons conservé l'*x* de *paix* (*pax = pacs*), *croix* (*crux = crucs*), *noix* (*nux = nucs*) ; de même qu'on marqua par *z* et non *s* le pluriel *bontez, citez* (*bonitátes, civitátes*), parce que ce *z* tient la place et exprime le son du *ts* terminant le mot latin (*bonitát's, civitát's*). Cette orthographe persista jusqu'au milieu du dix-septième siècle. On peut dire que, jusqu'à cette époque, lorsque la dernière syllabe d'un mot latin était composée d'une voyelle placée entre *d* ou *t* et un *s*, et que cette dernière syllabe suivait la tonique, la voyelle brève disparaissant, *ts* ou *ds* se changeait en *z* qui s'employait pour *s*. Cela nous explique le *z* de la deuxième personne plurielle des verbes : vous *aimez, amátis* (amat's). Mais la voyelle persiste avec la finale *s* lorsque *st* précède : ainsi *cantástis* a donné *chantastes* et non *chantaz*, comme en provençal *chantetz*[1].

b) Cependant un mot au cas-régime singulier, dans le deuxième vers de l'exemple tiré de la *Chanson de Roland*, a un *z*, soit l'équivalent de *s*, caractéristique du sujet singulier ; c'est *piz*, poitrine. C'est parce qu'il vient de *pectus* (*pect's*) qui, comme tous les noms neutres, avait son cas-régime semblable au cas-sujet. C'est ce qui justifie l's de *temps* (*tempus*), le *z* de *lez* (*latus*) (*Plessis lez Tours*), etc.

c) Les noms propres obéissaient aussi aux règles du cas-sujet et du cas-régime : *li cuens Pierres, au conte Perron.* Aussi voyons-nous la persistance de l's dans *Jacques* (*Jacobus*), *Charles* (*Carolus*), etc. Au régime ce serait *Jacque, Charle ;*

> Vindrent à *Carle* ki France ad en baillie.
> (*Chans. de Rol.*, v. 94.)

(Vinrent près de Charles qui tient la France en son pouvoir.)

---

1. Diez, *Gr. des langues romanes*, p. 208.

On donnait aussi une forme en *un*, *on*, au cas-régime de ces noms propres de la deuxième déclinaison :

> Vostre message fesismes à *Carlun*.
> (Nous fîmes votre message à Charles.)
> (*Ch. de Rol.*, v. 429.)

> E beneïet Carlun et France dulce.
> (Et—qu'il—bénit Charles et la douce France.)
> (*Id.*, v. 2017.)

La langue moderne en a conservé la trace dans les noms propres *Perron*, *Duperron*, *Pierron*.

Il y avait de même une forme en *ain* pour le cas-régime des noms propres féminins de la première déclinaison : *Berte*, *Bertain*; *Eve*, *Evain*; par analogie, *nonne* fit *nonein* et *nonnain*.

> Ad un mustier de *noneins* est portée.
> (*Ch. de Rol.*, v. 3730.)
> (Aude) est portée dans un monastère de nonnes.

« C'est une imitation du haut allemand et du gothique[1]. »

L'*s* était donc la caractéristique du sujet singulier et du régime pluriel, et on le mit même aux noms qui, étymologiquement, n'en avaient pas : la *roses*, li *pastres*, etc. Quelques-uns comme *abes*, *enfes*, de *abbas*, *infans*, avaient conservé, au sujet singulier, l'*s* latin, et rendirent facile la confusion[2].

Nous comprenons maintenant comment il a pu se faire que La Fontaine ait écrit *fourmis* au singulier :

> ...Quand sur l'eau se penchant une *fourmis* y tombe...
> Et dans cet océan on eût vu la *fourmis*...
> Ce fut un promontoire où la *fourmis* arrive...
> La *fourmis* le pique au talon... (II, 12.)

Notre fabuliste, qui connaissait parfaitement notre vieille littérature du moyen âge, a conservé ici l'ortho-

---

1. Aubertin, *Histoire de la langue et de la littérature françaises*, p. 118. — Littré, *Études et glanures*, p. 225.
2. Les textes les plus anciens et les plus corrects observent la règle rigoureusement et écrivent au cas-sujet singulier *abe*, *enfe*. (Littré, *Histoire de la langue française*, 1, 231.)

graphe dont il avait rencontré de si nombreux exemples.

Ces règles de la formation du cas-sujet et du cas-régime, ces formes distinctes rendaient souvent les prépositions inutiles et favorisaient l'inversion. On disait *Bar-le-Duc*, *duc* au cas-régime, le cas-sujet étant *li ducs* ou *li dus*, la *grâce Dieu*, pour la *grâce de Dieu; Dieu merci*, pour *merci à Dieu*. Le cas-sujet était *Diex* :

> Le roi Loéis
> De France, dont je certains sui
> Qu'il amat *Dieu*, et *Diex* lui.
> (Guyot de Provins.)

> Li fil Herbert ont forment perdu.
> (Ch. de Raoul de Cambrai.)

> (Les fils d'Herbert ont le dessous.)

« La phrase moderne : *l'homme mène le cheval*, peut se rendre de deux façons, sans qu'il y ait aucune amphibologie : *li homs mene le cheval* ou *le cheval mene li homs ;* de même au pluriel, *les hommes mènent les chevaux* se dira : *li homme mènent les chevals* (prononcez *chevaux*) ou *les chevals mènent li homme*. On remarquera que le mot *homs* nous est resté dans la particule *on : on dit*, etc. Cette existence d'un signe pour le régime a permis de rendre, comme en latin, la possession par un cas, c'est-à-dire sans intermédiaire de préposition : ainsi *la fille du roi*, *filia regis*, peut se dire, dans l'ancien français, *la fille le roi*. Quand Berthe dit :

> Fille sui le roi Flore, qui tant fait à louer,

cela signifie : *Je suis la fille du roi Flore*, car l'absence de l's au mot *roi* indique qu'il est dans le rapport de régime avec le mot *fille*. Il nous reste de cette construction l'*hôtel-Dieu*, qui signifie l'*hôtel de Dieu*, et *de par le roi*, qui signifie *de la part du roi*[1]. On rencontre dans la comédie, *maître Pierre Patelin* :

> Et qui dirait à vostre mère
> Que ne feussiez fils vostre père (v. 147).

---

1. Littré, *Histoire*, etc., i, 319.

c'est-à-dire *le fils de votre père;*

Il en viendra au pié l'abbé (v. 1014).

c'est-à-dire « *aux pieds de l'abbé[1].* »

Ces règles de la déclinaison romane étaient très favorables à la composition des mots. *Dieu-donné* est aujourd'hui amphibologique par sa composition, car il pourrait vouloir dire que *Dieu est donné;* il ne l'était point à l'origine. *Dieu* n'étant pas nominatif, on était forcément conduit au sens *donné de Dieu[2].*

De même pour *foimenti,* qui *a menti à sa foi,* qui n'a pas tenu la parole donnée.

Tout le système des cas qui sont restés dans le roman, soit la déclinaison romane, repose donc sur deux faits : d'abord que certaines déclinaisons latines amenaient par leurs flexions un déplacement de l'accent, ensuite que la déclinaison romane a retenu l's qui se trouve au sujet de beaucoup de noms de la deuxième déclinaison latine et de la troisième.

Jusqu'au treizième siècle, cette déclinaison reste dans toute sa force. Mais elle était encore trop compliquée; le peuple commence alors à l'abandonner, et elle a disparu totalement au quinzième siècle.

Le cas-régime seul subsista parce qu'il était le plus employé, et si les deux formes persistent dans quelques mots, ces mots n'ont pas le même sens : *pâtre, pasteur; chantre, chanteur.*

Il en résulta que l's, qui, en roman, était la caractéristique du cas-sujet singulier et du cas-régime pluriel, se perdit avec ce cas-sujet, et se conserva avec le cas-régime pluriel. *C'est pourquoi, en français, l's est la caractéristique du pluriel.*

— Les débris de la déclinaison romane n'ont pas complètement disparu : *cheval* fait au pluriel *chevaux* (chevals) par

---

1. Littré, 1, 25.
2. Ampère, *Histoire de la formation de la langue française,* p. 92.

vocalisation de *l* ou *u*; on disait dans la vieille langue, au cas-sujet *uns chevaus* (chevals[1]). Certains mots ont encore conservé l's du cas-sujet singulier : *fils* (filius), *lacs* (laqueus), *doux* (dulcis, dulc's), *legs* (*legatus), *bras* (*brachius), *lis* (*lilius).

Les noms latins avaient trois *genres* : le masculin, le féminin, le neutre. Ce dernier était le genre des noms qui n'étaient ni masculins, ni féminins. Constatons simplement ce fait : il serait trop long de l'expliquer.

Ce genre neutre disparut bientôt en latin même : **legatus*, **lilius* en sont des exemples ; car, dans le latin classique, ils étaient *legatum*, *lilium* : les substantifs neutres latins devinrent donc masculins. Bien plus, par un phénomène très curieux, les substantifs neutres se confondirent avec les substantifs féminins, parce que les neutres faisaient leur pluriel, cas-sujet et cas-régime, en **a**, et que cette terminaison était aussi, au singulier, celle des noms de la première déclinaison, la plupart féminins. Ces noms neutres furent pris pour des noms féminins, et *arma*, par exemple, nom neutre pluriel, fut pris pour un singulier féminin et nous a donné *arme* : de même, *folia* (pluriel de folium), *feuille*; *stabula* (stabulum), *étable*; *poma* (pomum, fruit), *pomme*, etc.

Le neutre disparut donc en français : deuxième phénomène à constater. On peut dire cependant qu'il est resté dans la locution *quelque chose*, dans *ce*, *cela*; tenant la place d'une proposition ou d'une expression; dans le sujet des verbes impersonnels : *il* pleut, *il* grêle, etc. ; enfin dans les adjectifs employés adverbialement : *parler fort*, *chanter juste*.

La confusion faite entre les différents genres subsiste encore de nos jours dans quelques mots français. Par exemple, *délice*, inusité maintenant au singulier, était masculin à ce nombre, parce qu'il venait du latin neutre *delicium*, tandis que *délices* est féminin, parce que le mot latin *delicias* est féminin. *Orgue*, masculin au singulier

---

1. Cette forme est restée dans *chevau-léger*.

comme venant du neutre *organum*, est féminin au pluriel par suite de la confusion du pluriel *organa* avec un féminin. *Amour*, autrefois du féminin, même au dix-septième siècle, dans Corneille, Racine, Mme de Sévigné, était aussi du masculin, et c'est le genre qu'il a gardé, sauf dans le langage poétique où on le fait encore du féminin. Ce double genre d'*amour* vient de ce que tous les noms abstraits en *or*, masculins en latin, devinrent féminins en français. On trouve ainsi dans la *Chanson de Roland* :

La meie honur est turnée en déclin (v. 2890).

(Mon honneur tourne à déclin.)

Cependant *honneur* et *labeur* sont restés masculins et *amour* a conservé les deux genres.

Quant au mot *gens*, il est féminin à proprement parler : *de bonnes gens*, conformément à l'étymologie latine[1]. Mais l'idée qu'il exprime, celle d'êtres humains en général, le fait souvent être du masculin.

La confusion dans les genres amenée par la similitude de terminaison entre les noms féminins singuliers et les noms neutres pluriels explique comment, par une confusion analogue, quelques noms latins féminins en *us* sont devenus masculins dans leur passage en français : c'est parce que, en latin, ces noms étaient à peu près tous masculins. Et, de même, comme l'*e* muet final est ordinairement en français la caractéristique du féminin, certains mots masculins latins sont devenus féminins en français, parce qu'ils s'y trouvent terminés en *e* : *auge*, de *alveum*, etc.

Le féminin se forme en général par l'addition d'un *e*; quelquefois cependant on se sert d'autres suffixes tirés du latin ou formés par analogie : *tuteur, tutrice; ambassadeur, ambassadrice* (suffixe latin *icem*); *vengeur, vengeresse; chasseur, chasseresse;* (affaiblissement de la voyelle accentuée *eur* qui devient atone, et l'accent tonique passe

1. *Gens*, nation, peuplade, est du féminin.

sur le suffixe *esse*, du latin *itiam*); *chanteur, chanteuse* (suffixe féminin latin *osam*). Quant à *cantatrice, impératrice*, ils sont de formation savante (*cantatricem, imperatricem*).

Le français conserva naturellement le singulier et le pluriel, et nous venons de voir pourquoi l's est la caractéristique du pluriel. Quelques substantifs font le pluriel en **x**, bien que cette lettre double ne soit pas justifiée chez eux par les lettres latines; c'est une exception plus apparente que réelle qui vient d'une confusion entre l's et l'**x** que nous avons vu équivalent de l's. Au moyen âge on écrivait indifféremment *deus* ou *deux* (duos), *aus* ou *aux* (à les). C'est par suite de cette assimilation de l's, de l'*x* (*cs*) et du *z* (*ds, ts*) que les noms terminés au singulier par *x* ou *z* ne prennent pas d's au pluriel.

Certains substantifs latins qui n'avaient point de pluriel en latin en ont un en français (*vitrum, glaciem*, des *vitres*, des *glaces*). Par contre, d'autres qui n'avaient point de singulier ont maintenant les deux nombres : *arma* (arme et armes), *gesta* (geste et gestes), **minacias* (menace et menaces), *nuptias* (noce et noces), *reliquias* (relique et reliques). D'autres enfin n'ont que le pluriel en français : *mœurs, gens*. Jusqu'au dix-septième siècle, *gens* et *ancêtres* avaient un singulier :

> Oh ! combien lors aura de veuves
> La *gent* qui porte le turban.
> (MALHERBE, *Ode à Marie de Médicis*.)

> La *gent* trotte menu.
> (LA FONTAINE, III, 18.)

Ancêtre a été employé au singulier dans tout le moyen âge et jusqu'à nos jours. On le trouve dans Malherbe, Montesquieu, Voltaire, Chateaubriand : « Qu'importe qui puisse être ni leur père ni leur *ancêtre*. » (MALHERBE.) — « Dieu créa une lumière qui, passant d'élu à élu, d'*ancêtre en ancêtre* de Mahomet, passa jusqu'à lui. » (MONTESQUIEU.) — « C'était justement un duc de Parme, *ancêtre* du duc régnant. » (VOLTAIRE.) — « Le Père, dans la figure d'un vieillard, an-

cêtre majestueux des temps... » (CHATEAUBRIAND, *Génie du christianisme*, I, 3.) Ce singulier était condamné cependant déjà par Th. Corneille.

Pleur se trouve employé au singulier au seizième siècle : « Le *pleur* m'en vient aux yeux. » (JODELLE, *Didon*, V.) On le trouve aussi au dix-septième siècle et au dix-neuvième siècle : « Dans ces gouffres (de l'enfer) des feux dévorants, des grincements de dents, un *pleur* éternel... » (BOSSUET, *Sermon sur les motifs de la joie.*) — « Là commencera ce *pleur* éternel... » (ID., *Or. fun. de Anne de Gonzague, sub fine.*)

> Princes et rois, et la tourbe menue
> Jetaient *maint pleur*.....
>
> (LA FONTAINE.)

> Combien vivent joyeux qui devaient, sœurs ou frères,
> Faire un *pleur* éternel de quelques ombres chères.
>
> (V. HUGO, *Feuilles d'automne*, 6.)

On dit encore familièrement : *verser un pleur.*

CHAPITRE VII

SOMMAIRE. — De l'article. — De l'adjectif. — Formation du féminin dans les adjectifs : exceptions apparentes (grand'mère). — Adjectifs latins pris substantivement en français. — Des degrés de comparaison. — Des diminutifs et des augmentatifs.

Le mot *article* vient du latin *articulum*, cas-régime de *articulus*, qui signifie *jointure, articulation.*

La *création de l'article* est une troisième particularité de la langue romane.

L'article n'existait pas dans les plus anciennes langues de la famille indo-européenne, le sanscrit, le latin, etc.

Le grec lui-même ne s'en servit qu'assez tard. Primitivement, ce mot, que les grammairiens appelèrent *article*, était une sorte de démonstratif qui marquait la présence de l'objet ou de la personne dont on parlait. Et, de nos jours encore, l'article a conservé cette force démonstrative. Si je veux demander une plume placée près de moi, je dirai facilement : *donne-moi la plume*. Si je dis : *un* loup et *un* agneau étaient venus au même ruisseau ; *le* loup dit à *l'*agneau,... dans cette deuxième proposition, l'article défini a été ajouté aux mots *loup* et *agneau* pour indiquer que c'est le loup et l'agneau qui viennent d'être mentionnés, qui sont présents dans le discours.

« Je vois paraître devant moi[1] un homme que je n'ai jamais vu jusque-là ; qu'est-ce que je dis ? « Voici *un* mendiant avec *une* longue barbe. » Cet homme s'en va, et revient la semaine suivante : que dis-je alors ? « Voilà *le* mendiant à *la* longue barbe. » Ajoutons que nous pourrions dire aussi : « Voilà *ce* mendiant avec *cette* longue barbe... »

Cet emploi de l'article est encore consacré dans les expressions comme : *le poète*, en parlant d'Homère ; *l'orateur*, pour désigner Démosthène ; *le fabuliste*, pour dire La Fontaine. Il indique une sorte de notoriété ou de supériorité. En latin, nous nous servirions du démonstratif *ille*. Dans le roman, l'article s'employait avec le sens de *celui, celle, ceux de* avec un substantif : ma part et *la* mon frère[2].

« L'article est donc une espèce d'adjectif ou de pronom démonstratif, puisqu'il se met devant les noms, quand les noms représentent une idée, une notion déjà conçue par l'esprit ; et, en d'autres termes, une personne ou une chose qu'ils nous font reconnaître et non pas connaître pour la première fois[3]. »

Il n'est donc pas étonnant que l'article français dérive de l'adjectif démonstratif latin *ille, illa*.

Les Latins n'avaient pas d'article, et leurs grammairiens prétendaient même que la langue latine n'y perdait rien[4]. Néanmoins ils se servaient de cet adjectif *ille, illa*,

<hr>

1. Harris, *Hermès*, traduction de A. Thurot, p. 195.
2. F. Thurot, *Cours manuscrit de grammaire*, etc.
3. E. Egger, *Grammaire comparée*, p. 67.
4. Quintilien, *Institution oratoire*, 1, iv, 19.

qu'ils plaçaient avec le nom, lorsqu'ils voulaient rappeler que l'objet désigné par ce nom était connu, absolument comme en français nous employons l'adjectif démonstratif : « Alexandre, ce fameux conquérant de l'Asie, etc. »

Dès le septième siècle, *ille* et même *ipse* étaient employés dans le sens régulier de notre article, et plus tard, dans toutes les langues romanes, *ille* a prévalu avec le sens de l'article, excepté dans l'île de Sardaigne où l'on emploie *so, sa,* venant d'*ipse, ipsa.*

Ce démonstratif *ille* (masculin), *illa* (féminin) donna donc en roman, par aphérèse de la première syllabe :

SINGULIER

Masculin.		Féminin.	
Cas-sujet :	(*ille*), *li*[1] ;	(*illa*), *la* ;
Cas-régime :	(*illum*), *le* ;	(*illam*), *la.*

PLURIEL

Masculin.		Féminin.	
Cas-sujet :	(*illi*), *li* ;	(*illae*)	
Cas-régime :	(*illos*), *les* ;	(*illas*) } *les*

Lors de la perte du cas-sujet, au quatorzième siècle, le cas-régime subsista seul ; on eut pour le masculin, *le, les* ; pour le féminin, *la, les.*

Remarquons que cette formation de l'article a eu lieu contrairement aux règles de l'accent tonique. *Ille, illum, illi, illos ; illa, illam, illæ, illas,* sont accentués sur *il* ; c'est cette syllabe qui devait subsister, comme elle subsiste dans le pronom *il* : c'est elle qui a disparu. C'est le seul exemple où la syllabe tonique latine disparaisse en français.

---

1. On trouve aussi, mais très rarement, la forme *el,* pour l'article sujet.

L'article précédé des prépositions *de, à, en,* se combina avec elles et donna :

<table>
<tr><td>Singulier.</td><td>Pluriel.</td></tr>
<tr><td>De le, del;</td><td>de les, dels;</td></tr>
<tr><td>A le, al;</td><td>à les, als;</td></tr>
<tr><td>En le, enl.</td><td>en les, ès.</td></tr>
</table>

Del est devenu *du; al, au; als, aus,* puis *aux,* par vocalisation de l'*l; dels* est devenu *des;* quant à *ès,* il a disparu du français moderne, et n'est plus usité que dans les expressions *maître ès arts, docteur ès lettres, bachelier ès sciences, Saint-Pierre ès liens.*

Quant à l'article indéfini *un, une,* il a été formé de *unum, unam,* adjectif numéral, absolument comme notre adjectif numéral français :

CAS-SUJET : *uns* (unus), *une* (una).
CAS-RÉGIME : *un* (unum), *une* (unam).

Il n'a pas de pluriel, conformément à l'idée d'unité qu'il représente. Le mot latin *unus* n'en avait pas non plus, excepté quand il se construisait avec un nom qui n'avait pas de singulier. Cependant, en français, nous trouvons le pluriel de *un, une,* dans les locutions *quelques-uns, quelques-unes; les uns et les autres, les unes et les autres.*

La déclinaison des adjectifs, en roman, est la même que celle des substantifs, c'est-à-dire que nous remarquons la persistance de l'*s* au cas-sujet singulier. Dans le français moderne, le cas-sujet singulier a disparu, l'*s* est restée la caractéristique du pluriel, parce qu'elle était en roman la caractéristique du cas-régime pluriel.

Les adjectifs latins se divisent en deux classes :

1º Ceux qui avaient une terminaison différente pour le masculin et pour le féminin; ex. : *bonus, bona.*

2º Ceux qui avaient la même forme pour les deux genres; ex. : *prudens, fortis.*

En français, les adjectifs de la première classe eurent,

comme en latin, une terminaison différente pour le féminin. La terminaison latine **a** s'affaiblit en **e** muet, et l'on eut :

Masculin.	Féminin.
Bon (bonum) ;	*bonne* (bonam).
Noir (nigrum) ;	*noire* (nigram).

Cette règle s'est généralisée.

Les adjectifs de la deuxième catégorie, qui avaient la même forme pour le masculin et pour le féminin, comme *grandis*, *fortis*, n'eurent en roman qu'une forme pour les deux genres :

Une femme grant ; Rome la grant ; une plaine vert ; Rochefort pour *Roche forte.*

C'est ce qui explique les expressions *grand'mère, mère grand, grand'route, grand'messe, grand'garde, grand'faim.*

> La Discorde infernale
> Monte dans le palais, entre dans la grand'salle.
> (BOILEAU, *Lutrin*, IV, 134.)

> Entre ces vieux appuis dont l'affreuse grand'salle.....
> (ID., *ibid.*, V, 33.)

> Il porte une jaquette à grands basques plissées.
> (MOLIÈRE, *Misanthrope*, II, 6.)

Les grammairiens du dix-septième et du dix-huitième siècle ne pouvaient expliquer cette anomalie apparente ; ils supposaient qu'on avait supprimé l'**e** du féminin, et le remplaçaient par une apostrophe.

Plus tard, ces adjectifs formèrent, par analogie, leur féminin comme ceux de la première catégorie, d'où est venue la règle générale : Quand les adjectifs ne sont pas terminés par un *e* muet au masculin, ils en prennent un au féminin.

Dans le dernier quart du treizième siècle, les adjectifs en *alis*, qui appartenaient à la seconde catégorie, et qui, par suite, ne devaient pas avoir de forme différente pour le féminin, obéirent à la règle des adjectifs de la première catégorie, et eurent dans la langue parlée au nord et au centre de la France, ou langue d'*oïl*, un féminin en *e*. On disait : *possession corporele* ; de nos jours nous doublons l'*l* : *corporelle*.

Certains mots, qui sont maintenant substantifs, comme *sanglier, bouclier, linge, grenade, coursier, destrier, domestique*, etc., étaient primitivement adjectifs ; ils venaient d'adjectifs latins.

On disait un *porc sanglier* (*porcum singularem*), c'est-à-dire un *porc solitaire*, et l'expression de *solitaire* est restée pour désigner un sanglier de plus de quatre ans ; un *serviteur domestique*[1] (*domesticum*, dérivé de *domus*, maison), c'est-à-dire un serviteur de la maison ; un *écu bouclier* (*scutum *buccularium*, ou écu bombé) ; une *pomme grenade* (*pomum granatum*, fruit rempli de grains) ; un *vêtement linge* (*vestimentum lineum*[2], un vêtement de lin). On disait également un *cheval coursier*, pour cheval de voyage, de course, par opposition au *cheval destrier*, qui était le cheval de bataille du chevalier, et que le page tenait de la main droite, de la *dextre* (*dexteram*). Des exemples plus récents, comme un *mortel* pour un homme mortel, un *défunt* pour un homme défunt, nous montrent que les adjectifs ont pu éliminer les substantifs qu'ils qualifiaient et devenir les noms mêmes des objets.

Les degrés de comparaison se forment dans le français moderne à l'aide des adverbes *plus*, le *plus*, *très*, *beaucoup*, etc. On a abandonné les formes latines en *or* et en *us* du comparatif, et en *issimus, ismus, imus* du superlatif. Quelques adjectifs cependant ont conservé leur comparatif latin. Notons, en passant, que le comparatif latin en un seul mot ne servait que pour le comparatif de supériorité. Ces adjectifs sont :

Bon { CAS-SUJET : *mieldre*, mieudre (*melior*). CAS-RÉGIME : *meilleur* (*meliorem*).

---

1. *Domestique* est de formation savante. Le mot populaire dérivé de *domesticum* est *domesche*.

2. Sur la transformation de *lineum* en *linge*, V. p. 28.

Mauvais { CAS-SUJET : *pire (pejor)*.
{ CAS-RÉGIME : *péjeur (pejorem[1])*.

Grand { CAS-SUJET : *maire (major[2])*.
{ CAS-RÉGIME : *majeur (majorem)*.

Petit { CAS-SUJET : *moindre (minor)*.
{ CAS-RÉGIME : *mineur (minorem)*.

Péjeur se trouve sous la forme *pejurs*, dans la *Chanson de Roland* (v. 1822), employé comme superlatif : « Des *mielz* (meilleurs) et des *pejurs*. » *Mineur*, forme savante, a remplacé *menur*, forme populaire.

Ce qui a fait subsister ces formes particulières pour le comparatif de ces adjectifs, c'est qu'en latin elles étaient complètement distinctes du positif.

Remarquons que *maire* n'est plus adjectif, mais substantif; que *majeur* et *mineur*, qui sont encore adjectifs, ont un sens particulier; ainsi on ne dit pas : *un enfant mineur qu'un autre, une maison majeure qu'une cabane;* mais on dit *des raisons majeures, un jeune homme majeur.*

Il en est de même d'*antérieur (anteriorem), postérieur (posteriorem), citérieur (citeriorem), ultérieur (ulteriorem), intérieur, (interiorem), extérieur (exteriorem), inférieur (inferiorem), supérieur (superiorem), plusieurs (*plusiores* pour *pluriores*).

On peut ajouter aux formes comparatives qui ont subsisté comme substantifs le mot *sire*, qui vient de *senior* (plus âgé), dont le cas-régime, *seniorem*, a donné *seigneur.*

On trouve encore en roman d'autres comparatifs formés de comparatifs latins, comme :

Greignor (plus grand,) *ancienor* (plus ancien):

> Bons fut li secles al tens *ancienor*.
>
> (Le siècle était vertueux au temps plus ancien).
>
> (Vie de saint Alexis.)
>
> Greignur fais portet par giu, quant il s'euveiset.
>
> (Il - porte un plus grand faix par jeu; quand il se divertit.)
>
> (Ch. de Rol., v. 977.)

1. *Mieldre* et *péjeur* ont disparu.
2. A proprement parler, *maire* et *majeur* sont les comparatifs de *magne* (*magnus*); *grand* faisait *graindre* et *greignor* ou *greigneur.*

       Soyes loyal a ton seigneur
       Naturel, tu ne doiz *greigneur*
       Foi à homme...
                 (*Dits moraux de Christine de Pisan.*)

— Et li chevaliers dist que encore avait-il fait *greingnour* folie d'assembler tel desputaison. (JOINVILLE, X, § 53.)

Les formes neutres des comparatifs latins de *bon* (*melius*) *mauvais* (*pejus*), *petit* (*minus*) out subsisté : *melius* est devenu *miels*, puis *mieux*, par vocalisation d'*l* en *eu*; *pejus* a donné *pis*; *minus*, *moins*.

Le superlatif français se forme par l'addition à l'adjectif simple de *le plus*, ou *très* (du latin *trans*[1]), *beaucoup*, *fort*, etc. Dans le vieux français, on se servait aussi de *moult* (*multum*, beaucoup) pour former le superlatif : « Mult suef e pleine est la mer. (*Tristan et Yseult*). (Très douce et unie (plane) est la mer). — Mult granz amistiez (*Ch. de Rol.*, v. 29), très grande amitié. » Le roman possédait d'autres formes se rapprochant du superlatif latin en *issimus*, *ismus*, et on disait *saintisme* de *sanctismum*, pour *sanctissimum*, *grandisme* de *grandismum* pour *grandissimum*.

Pessimus, superlatif de *malus*, mauvais, était resté aussi sous la forme, aujourd'hui disparue, de *pesmes*, avec le sens de *mauvais, terrible* :

       Mais or les vei si dures e si *pesmes!*
       (Mais maintenant je les (les nouvelles) vois si dures et si terribles.)
                         (*Vie de saint Alexis.*)

       Li Reis est fiers e sis curages *pesmes.*
       (Le roi est hardi et son courage terrible[2].)
                         (*Ch. de Rol.*, v. 56.)

Ces formes correspondaient au superlatif absolu, et jamais au superlatif relatif. Au quatorzième siècle, ces superlatifs

---

1. Le *très* français, qui dans notre ancienne orthographe ne se séparait pas du radical de l'adjectif, vient de la particule *trans*, abrégée en *tra* dans quelques mots latins et dans le français *trapercer* (vieux français *trespercer*) pour *transpercer*. Cette particule, signifiant *par-dessus*, se prête naturellement à exprimer l'idée du superlatif. On en reconnaît la force dans *trépasser*, *tressaillir*, et dans les vieux mots français *trestous*, *tressuer*. (Egger, *Grammaire comparée*, p. 106.)
2. Voir aussi les vers 813, 2122, 2919.

disparurent ; mais, au seizième, les savants, dans leur ardeur de ramener le français au latin, les firent réapparaître complètement calqués ; on eut *grandissime*, *savantime* (très savant), *hautime* (très haut) ; on eut même des comparatifs en *eur* : *savantieur*, *prudentieur*. L'un des savants les plus engoués de cette réforme, Baïf, qui vécut de 1530 à 1590, s'attira même de la part d'un de ses amis, Joachim du Bellay, la plaisanterie qui suit :

> Bravime esprit, sur tous excellentime,
> Qui méprisant de vanimes abois,
> As devancé d'une hautime voix
> Des savantieurs la troupe bruyantime,
> De tes doux vers le style coulantime,
> Tant estimé par les doctieurs François
> Justimement ordonne que tu sois
> Par ton savoir à tous révérendime.
> Qui mieux que toi, gentillime poète
> (Heur[1] que chacun grandimemement souhaite),
> Façonne un vers doucimement naïf !
> Ah ! nul de[2] toi hardieusement (plus hardiment que toi) en France
> N'a pourchassé l'indoctime ignorance,
> Docte, doctieur et doctime Baïf.

Généralissime nous est resté, comme *révérendissime*, *sérénissime*, et, dans le langage familier, on dit encore *richissime*, *doctissime*, etc.

Les diminutifs et les augmentatifs se rattachent aux degrés de comparaison :

1° Parce qu'ils marquent un degré inférieur ou supérieur de la qualité exprimée par le mot simple ;

2° Parce que, de même que les comparatifs et les superlatifs latins, ils se forment en ajoutant un suffixe au thème du mot.

---

1. *Heur* signifie *bonheur*. Il est dérivé de *augurium*, augure, auspice, contracté en *aür*, *eur*, puis *eur*. L'*h* vient de ce que longtemps on l'a cru dérivé de *hora*, *heure*. Nous retrouvons trace de cette étymologie fausse dans l'imprécation *Va t'en à la male heure! Heur* était masculin, ce qui explique nos mots *bonheur*, *malheur* et non : bonne heure, male heure.

2. Remarquons que *de* était employé pour *que* après un comparatif en roman : « N'avez baron ki *mielz de lui* la facet » (*Ch. de Rol.*), vous n'avez pas de baron qui s'en acquitte mieux *que* lui. (Voir encore les vers 775, 1632.)

Les diminutifs peuvent s'assimiler aux comparatifs d'infériorité : ils expriment une chose : 1° comme petite (*globule, particule, animalcule, maisonnette*); 2° comme gracieuse (*gentillet*); 3° comme peu relevée ou même méprisable (*paperasse, canaille*).

Les diminutifs furent très répandus dans la langue française au seizième siècle. On en abusa même : on en trouve un exemple assez curieux dans le *Jardinet de poésie* de Christophe de Gamon; c'est une apostrophe à l'épingle d'une dame :

> Espingle au petit becquillon,
> Espinglette au ferme aiguillon,
> Espinglelette reluisante,
> Espingletelette attachante[1].

C'est à l'influence italienne, si forte sous les règnes de Charles IX et de Henri III, que sont dues ces mignardises tout à fait opposées au génie de la langue française.

Dans les langues anciennes, les diminutifs étaient ordinairement marqués par un seul mot, et on formait ainsi même des verbes indiquant un degré moindre de l'action exprimée par le verbe simple; pour ne citer que des mots latins, nous avons *subrusticus*, un peu rustique (*sub, rusticus*); *subridere*, sourire (*sub, ridere*), *cantillare*, chanter à voix basse; *sorbillare*, boire à petites gorgées. Il y eut aussi des diminutifs dérivés d'un comparatif neutre auquel on ajouta, comme à un nom, un suffixe diminutif : *minus*, plus petit, a donné *minusculus*, qui nous est resté dans *minuscule*, comme *majusculus* de *majus*, plus grand, est resté dans *majuscule*.

Les suffixes diminutifs n'expriment la diminution que lorsque leur primitif existe en français. *Anneau, château,* ne sont pas des diminutifs, tandis que *châtelet* en est un. Il a fallu l'addition du suffixe *elet*.

---

1. Godefroy, *Histoire de la littérature française au seizième siècle.* — On trouve dans Vauquelin de la Fresnaye (1536-1609) *bouchette, bouchelette, lèvrelette, honteusette, vermeillette,* etc.

Les principaux suffixes diminutifs qui, en français, s'ajoutent aux substantifs, sont :

1° *Aille*, du latin *acula*, contracté en *acla*; indique le mépris : *marmaille, canaille.*

2° *As, asse, acé (aceum)* : *paperasse, populace.*

3° *Aud* et *aut* (de l'allemand *ald* par l'intermédiaire du latin **aldum*) : *levraut, lourdaud.*

4° *El, elle, eau (ellum)* : *lionceau, chevreau, jouvencel, jouvenceau,* et, avec intercalation de *et, louveteau.*

5° *Et, ette (etum)*; diminution sans idée de mépris : *sachet, jardinet, maisonnette.* Quand on peut marquer un degré plus petit encore, *et* est précédé de *el : tartelette gouttelette.*

6° *Eul* et *euil (olum, eolum) filleul, chevreuil.*

7° *Iche, isse (iceum)* : *pouliche, pelisse, caniche.*

8° *In, ine* : *coquin, bottine.*

9° *Ol (olum)* : *cabriole.*

10° *On (onem,* qui cependant n'avait pas le sens diminutif) : *fleuron, ourson, raton.* Ce suffixe est tantôt renforcé par *ill* : *barbillon, négrillon;* tantôt par *er* ; *puceron, moucheron. Ill* vient du suffixe latin *illum, illam.*

11° *Ot, otte* (d'origine purement française) : *îlot, menotte.* On ajoute même quelquefois à ce suffixe la syllabe *in : diablotin, chevrotin.*

12° *Uche (uceum)* : *peluche.*

13° *Ule (ulum, ulam)* : *globule, principicule.*

Quelques diminutifs substantifs sont formés avec des préfixes, et ces préfixes sont ajoutés même à des verbes :

Mé, més (*minus*) : **mécontent, mécréant, mésaventure, mésallier, mésalliance.**

Sub (latin *sub*), dans les diminutifs de formation savante : **subdivision, subdiviser, subalterne.** *Sub,* dans les mots de formation populaire, paraît avec la forme *sou :* **souris, sourire,** diminutif de *rire.*

Sourire est un infinitif pris substantivement (*subridere*); *souris* vient de *subrisus.*

Dans les suffixes diminutifs pour les adjectifs nous retrouvons *aud (finaud, courtaud)*; *et, ette, (aigret, follet,*

aigrelet); *in* (*enfantin*; *blondin*); *ot*, *otte*, (*vieillot*). Il y en
a d'autres, tels que :

Atre (*astrum*), idée de diminution, puis de mépris :
blanchâtre, verdâtre, douceâtre.

Ard (du germanique *ard*, en bas-latin **ardum*) : *mi-
gnard.*

On forme aussi des diminutifs dans les verbes avec les
suffixes : *eler* (chanceler), *eter* (becqueter), *iger* (voltiger);
iller du latin *illare* (pendiller), *iquer* de *icare* (tourniquer),
oter (vivoter), *uler* du latin *ulare* (gesticuler).

De même qu'au moyen de suffixes, on peut former des
diminutifs, c'est-à-dire des mots entraînant l'idée d'un
degré inférieur à celui exprimé par le mot simple, on peut
aussi, former des *augmentatifs*, c'est-à-dire des mots entraînant l'idée d'un degré supérieur à celui exprimé par
le mot simple. On peut les assimiler aux comparatifs de
supériorité. Ils sont rares; cependant les mots : *campagne,
montagne, bataille, myriade, ganache, rapace, bonace,
criard, furibond, grandiose, coutelas,* nous prouvent l'existence de mots, substantifs ou adjectifs, indiquant, à l'aide
d'un suffixe, une idée d'augmentation. Ces suffixes sont :
agne, du latin *agnam; aille,* de *aculum, aclum; ade,* du
grec *ada; ache,* de *asciam; as, ace,* de *acem; ard,* du ger-
main *ard,* par l'intermédiaire du bas-latin **ardum; bond,*
de *bundum; ose,* de *osum.*

On forme aussi des augmentatifs avec des préfixes,
comme **archi** (du grec *archi*) : **archiduc, archifou;**
hyper (du grec *hyper*) : **hyperboréen, hyper**trophie;
eu : *euphonie;* **eu**phémisme; ces augmentatifs sont pour
la plupart de formation savante.

On ne trouve pas à proprement parler d'augmentatifs
dans les verbes; cependant on pourrait considérer comme
tels ceux qu'on appelle *fréquentatifs : rêvasser, grisonner,
festoyer, larmoyer, ferrailler,* où l'on trouve les suffixes
asser, onner, oyer, ailler.

CHAPITRE VIII

Les *adjectifs numéraux*, appelés aussi *noms de nombre*, parce que quelques grammairiens les rangeaient parmi les noms, se divisent en *cardinaux* et *ordinaux* : *cardinaux*, ceux qui sont, pour ainsi dire, les pivots (*cardines*, gonds) sur lesquels roule toute la numération ; *ordinaux*, ceux qui indiquent l'ordre, la place de l'objet ou de la personne qu'ils déterminent.

Les adjectifs numéraux cardinaux étaient en latin : *unus*, un ; *una*, une ; *duo*, deux ; *tres*, trois ; *quatuor*, quatre ; *quinque*, cinq ; *sex*, six ; *septem*, sept ; *octo*, huit ; *novem*, neuf ; *decem*, dix.

A partir de *dix* jusqu'à *vingt*, ils étaient formés du radical des adjectifs précédents et de *decim* pour *decem*, dix : *undecim*, onze ; *duodecim*, douze ; *tredecim*, treize ; *quatuordecim*, quatorze ; *quindecim*, quinze, etc.

Que nous ont donné en français ces formes latines ? *Unus* et *duo*, comme les noms et les adjectifs, eurent en roman le cas-sujet et le cas-régime :

CAS-SUJET : (*unus*), *uns ;* (*una*), *une.*
CAS-RÉGIME : (*unum*), *un ;* (*unam*), *une.*

> Uns reis i est, si ad num Corsablis ;
> Barbarins est, d'un étrange païs.

(Il y a un roi du nom de Corsablis ; il est de Barbarie, d'un pays lointain, étranger.)　　　　(*Ch. de Rol.*, v. 1235, 1236.)

CAS-SUJET : (*duo*), *dui.*
CAS-RÉGIME : (*duos*), *dous, deus, deux* [1].

> Dui Sarrazin par les resnes les pristrent.

(Deux Sarrasins par les rênes les prirent.)
　　　　　　　(*Ch. de Rol.*, v. 2706.)

1. Dans le dialecte bourguignon, il y avait une forme féminine de *deux* qui était *does* ou *doex.*

Dous de vos cuntés à l' paīen tramesistes.
(Vous envoyâtes au paīen deux de vos contes.)
(Ch. de Rol., v. 207.)

En *dous* meitiez li ad brisiet le col.
(En deux moitiés lui a brisé le cou.)
(Id., v. 1205.)

Comme pour les noms et les adjectifs, c'est le cas-régime, *un*, *une*, *deux*, qui est resté.

Il y avait, en latin, une expression particulière pour signifier *tous deux*, *tous les deux*; c'était *ambo* (masc.), *ambæ* (fém.). Ce mot se retrouve dans la forme *ambe*, au cas-sujet, *ambes* (*ambos*), au cas-régime.

Ambes ses mains en levat cuntremunt.
(Toutes deux ses mains il leva en haut, vers le ciel.)
(Ch. de Rol., v. 419.)

On trouve aussi *ambe* accompagné de *dui*, sous la forme *ambedui*, *andui*, pour le cas-sujet, *ambesdous*, *andous*, pour le cas-régime.

Ambedui unt merveillus vasselage.
(Tous deux ont merveilleux courage.)
(Ch. de Rol., v. 1094.)

Devant Carlun *andui* sont repairiet.
(Devant Charles tous deux sont revenus.)
(Id., v. 3862.)

Cuntre le ciel *ambesdous* ses mains juint.
(Vers le ciel ses deux mains joint.)
(Id., v. 2240.)

Le génitif *amborum* donna de même *ambure*, *ambur* :

Ambur ocist seinz nul recoevrement.
(Il les tue tous deux sans remède.)
(Id., v. 1607.)

4.

Ces mots ont disparu dans le français moderne, excepté *ambe* : gagner un *ambe* à la loterie. *Ambo* avait formé en latin l'adjectif *ambiguus*, d'où notre mot *ambigu*, à double sens, et le substantif *ambages*, circonlocutions, mots à double sens, détours, tergiversations, devenu le français *ambages*.

Depuis *tres* (trois) jusqu'à *decem* (dix), les adjectifs numéraux latins suivent, dans leur passage en français, les règles ordinaires de phonétique. *Trois* obéissait à la règle de l'*s* et était *troi* au cas-sujet. *Octo* (huit) avait donné *oit*, que nous retrouvons dans *oidme*, *oitme* (pour *huitième*), d'*octima*, formé d'après *octo* : « L'*oidme* est de *nigres* », la huitième est de nègres. (*Ch. de Rol.*, vers 3229.)

Dans les mots *onze*, *douze*, etc., jusqu'à vingt, la syllabe accentuée a fait disparaître le reste du mot, et nous avons :

onze, venant de *úndecim* (und'c'm),
douze   —   *duódecim* (duod'c'm).

L'*e* de *decim* était muet (chute de la voyelle brève), et nous voyons que le son de *d'c'm* correspond à celui de *ze*.

A partir de *vingt*, nous avons : *viginti* (vingt), *triginta* (trente), *quadraginta* (quarante), *quinquaginta* (cinquante), *sexaginta* (soixante), *septuaginta* (septante), *octoginta* (octante), *nonaginta* (nonante). Le *g* latin a disparu, et en vieux français nous trouvons *veint*, *treante*, *quareante*, qui se sont contractées dans les formes modernes. Le *g* de *vingt* a subsisté, grâce à la réforme orthographique tentée au seizième siècle.

Au lieu de *soixante*, on disait aussi *trois vingts*; pour cent vingt, *six vingts*; cent quarante — *sept vingts*; trois cents — *quinze vingts*; manière de compter qui s'est conservée de nos jours dans *quatre-vingts* et dans le nom de l'hospice des *Quinze-Vingts*, fondé au treizième siècle pour recevoir trois cents aveugles. « Depuis *six* ou *sept vingts* ans que l'Eglise calvinienne a commencé... » (BOSSUET.) — « Remarquez que dans cette scène il n'y a presque que deux mots à reprendre, et que la pièce est faite depuis *six vingts*

ans. » (VOLTAIRE, *Comm. sur Corn.*, XIe Rem. sur *Cinna*.) —
« On y voit des vieillards de *cent* et de *six vingts* ans, qui
ont encore de la gaieté et de la vigueur. » (FÉNELON, *Télé-maque*, liv. VIII.)

Cent vient de *centum*, et multiplié par les autres adjectifs numéraux, il forme la série des nombres de *cent* à
mille.

Mille vient du substantif pluriel neutre *millia*, qui donna
d'abord *milie*, employé tantôt avec un substantif, tantôt
seul. On s'en servait quand on parlait de plusieurs milliers (*millier* vient de *milliaria*); pour un seul millier, on
disait *mil*, qui vient de l'adjectif numéral latin *mille*.

Cela nous explique pourquoi dans les dates, comme *mil
huit cent*, on a conservé la vieille orthographe. Il avait
aussi le sens indéterminé, comme de nos jours *mille* :

> En la grant presse *mil* colps i fiert e plus.
>
> (En la grande mêlée il frappe mille coups et plus.)
> (*Ch. de Rol.*, v. 2090.)

Millier s'employait de même d'une manière indéterminée :

> Mocrent païen à milliers e à cenz.
>
> (Meurent les païens par milliers et par cents.)
> (*Id.*, v. 1417.)

Nous disons encore, dans le sens indéterminé : Il y en a
des milliers.

Million, milliard, sont des substantifs augmentatifs
formés de *mille* et des suffixes *on, ard*.

Les adjectifs numéraux ordinaux sont formés des adjectifs cardinaux *un, deux*, etc., avec addition du suffixe
ième, qui vient du latin *esimum*, que nous trouvons dans
centesimum, centième, et *centime*.

Unième est inusité seul; mais il entre en composition
des adjectifs ordinaux *vingt et unième, trente et unième*, etc.
Il a été remplacé par *premier*, qui vient de *primarium*,
dont le dérivé savant est *primaire*. Dans l'ancienne langue.

il obéissait à la règle de l's, sous la forme *premers;* il avait une autre forme, *premereins, primerains* (*premeranus*), et au régime *premerein, primerain.*

> Tut *premereins* l'en respunt Falsarun.
>
> (Tout premier y répond Fausseron.)
>
> (Ch. de Rol., v. 879.)

> Li venins est soef en *primerain* point.
>
> (Le poison est suave (doux) au commencement.)
>
> (Recueil de Fabliaux.)

> Jadis au tens de nos premiers peres
> Et de nos prumeraines meres....
>
> (Roman de la Rose[1].)

Les autres adjectifs sont *deuxième, troisième,* etc.; *deuxième* s'emploie concurremment avec *second* (*secundum*). Remarquons que, de nos jours, on ne fait pas l'élision devant *onzième,* et qu'elle se faisait primitivement :

> Peut-être que l'*onzième* est prête d'éclater,

dit Maxime à Auguste dans *Cinna* (II, 1).

Qu'étaient donc devenus les adjectifs ordinaux latins : *primus, secundus, tertius, quartus, quintus, sextus, septimus, octavus, nonus, decimus*?

Primus (premier), *prima, primum,* a donné *prim, prime : printemps* (*primum tempus,* le premier temps de l'année), *primevère,* de *prime-abord,* de *primesaut,* un esprit *primesautier,* parer en *prime.* On disait aussi dans la vieille langue *primsoir* pour dire la tombée de la nuit; *primsom,* pour l'heure du premier sommeil. Il y avait même l'adverbe *primes,* de l'accusatif pluriel féminin, signifiant *d'abord :*

> Al matinet, quant *primes* apert l'albe.
>
> (Au petit matin, quand d'abord s'ouvre l'aube.)
>
> (Ch. de Rol., v. 2845.)

---

1. Aubertin, *Textes,* p. 121.

Secundum a donné *second*, usité comme synonyme de *deuxième*. C'est au dialecte bourguignon et au dialecte picard que nous avons emprunté la prononciation de ce mot par un *g* au lieu d'un *c*.

Tertius (troisième) est resté dans *tiers*, féminin *tierce* : *tiers-état*, *tiers-ordre*, *tierce-partie*; il est aussi usité comme substantif : un *tiers*, désignant la troisième partie d'un tout, ou une troisième personne. *Tierce* est aussi un terme de musique, de jeu, d'escrime.

Quartum (quatrième) a donné *quart*; *quarta*, *quarte* : fièvre quarte, parer en quarte; « un quart voleur survint » (LA FONTAINE, *Fables*, I, 13). Ce mot *quart* a formé les substantifs *quartier* (un quartier de lune), *quartal* (un quartal de froment); on trouve dans le vieux français le mot *quairtage* pour indiquer le mesurage en général.

Quintum (cinquième) a formé *quint*; *quinta*, *quinte* : Charles-Quint, Sixte-Quint; *quintessence*, pour quinte essence, ou résultat de la cinquième distillation, soit le degré le plus fort; la *quinte musicale*.

Sextum (sixième) donnait *sixt* ou *sist*; *sexta*, *sixte* ou *siste* : la sixte musicale.

Septimum (septième) a disparu du français moderne; mais en roman on trouvait *sedme*, *setme*, *sietme*.

Octavum (huitième) n'a laissé que le mot de formation savante *octave*. D'une forme **octima* on avait en roman *oitme* et *oidme*.

Nonum (neuvième), *none*. *Nonas*, *nones*, servait à désigner la neuvième heure. Le roman avait *noefme* de **novima*.

Decimum (dixième), par le féminin *decima*, a laissé *dîme*. Au douzième siècle, la *dîme heure* signifiait la dixième heure. La *dîme* des récoltes était la dixième partie des récoltes. *Dîme* a formé les verbes *dîmer* et *rédimer*.

Decimum a donné aussi les mots de formation savante *décime*, *décimer*.

Les vers suivants de la *Chanson de Roland* nous offrent les dérivés populaires de ces adjectifs ordinaux latins, excepté *second* qui est remplacé par *altre* (autre); c'est le dénombrement des différents peuples païens qui composent l'armée de l'émir Baligant :

> Unt trente eschieles établies mult tost ;
> En la menur cinquante *milie* en ont.
> La *première* est de cels de Butentrot...
> E l'*altre* après de Micenes as chiefs gros...
> E la *tierce* est de Nubles e de Blos,
> E la *quarte* est de Bruns e de d'Esclavoz, ,
> E la *quinte* est de Sorbres e de Sorz,
> E la *siste* est d'Ermines e de Mors,
> E la *sedme* est de cels de Jericho ;
> L'*oidme* est de Nigres, e la *noefme* de Gros,
> E la *disme* est de Balide la Fort.
>
> (v. 3217-3230.)

Voici la traduction d'après M. Léon Gautier :

> « Ils divisent alors leur armée en trente colonnes,
> Le plus faible de ces corps d'armée n'aura pas moins de cinquante mille hommes.
> Le premier est composé des gens de Butentrot ;
> Dans le second corps sont les Misnes à la tête énorme.
> La troisième colonne est formée de Nubiens et de Blos ;
> La quatrième, de Bruns et d'Esclavons ;
> La cinquième, de Sorbres et de Sors ;
> La sixième, de Mores et d'Arméniens.
> Dans la septième sont ceux de Jéricho ;
> Les Nègres forment la huitième, et les Gros la neuvième ;
> La dixième enfin est composée des chevaliers de Balide la Forte. »

Ces formes persistèrent jusqu'au treizième siècle ; c'est à partir du quatorzième seulement qu'on trouve fréquemment employés les adjectifs numéraux en *ième*.

Les noms et adjectifs multiplicatifs *double*, *triple*, viennent, l'un de *duplum*, l'autre de *triplum*. *Décuple* vient de *decuplum* ; *quintuple*, *sextuple* ont été formés par analogie en ajoutant le suffixe *uple* au radical de *quint-us*, *sext-us*, etc.

Les adjectifs numéraux distributifs *binus*, *ternus* et *trinus*, *quaternus*, *quini*, ont donné en français :

> *Ternus :* terne, ternaire ;
> *quaternus :* quaternie, quaternaire
> *quini :* quine (à la loterie).

Le radical de *binus* se retrouve dans *biner* (du bas-latin *binare*), *binaire* ; celui de *trinus* dans *trinité*.

Les noms de nombre fractionnaires étaient *mi* et *demi*.

Mi, d'abord *mei*, vient de *medium* et exprimait l'idée de milieu : *emmi* la boue signifiait : au milieu de la boue[1]. *Mi* ne s'emploie que joint à un substantif qu'il précède immédiatement : *mi-côte*, *mi-partie*, *minuit*, *midi*. Il avait un substantif correspondant *meitiet* qui signifiait la *moitié*.

Demi (demei), de *dimidium*, se construisait comme adjectif : *demi mun host*, la moitié de mon armée (*Ch. de Rol.*, v. 785) ; et encore de nos jours, *demi-heure*. Il peut aussi s'ajouter à un nom pour indiquer que la quantité est augmentée de la moitié ; ex. : onze heures et *demie*.

Quant aux autres nombres fractionnaires, ils s'expriment le plus souvent par le nom de nombre ordinal et le mot *partie* : la cinquième, la septième partie.

CHAPITRE IX

Sommaire. — Des pronoms personnels. — Des adjectifs ou pronoms possessifs. — Des adjectifs ou pronoms démonstratifs. — Des interrogatifs et des conjonctifs ou relatifs. — Des indéfinis.

Les pronoms personnels latins donnèrent les formes suivantes :

1re PERSONNE

Singulier

Cas-sujet	(*ego*), *eo*, *io*, *jo*, *je*[2] ;
Cas-régime direct	(*me*) ; *me* ;
Cas-régime indirect	(*mi* pour *mihi*), *mei*, *moi*

---

1. Une rue de Paris, disparue depuis longtemps, portait le nom de rue Planche Mibray (*mi bray*, au milieu de la boue), du nom d'un pont de planches jeté sur un petit bras fangeux de la Seine, comme le témoignent ces vers d'un vieux chroniqueur :

> Tel nom portoit pour la vague et le bray (fange, boue),
> Getté de Seyne en une creuse tranche,
> Entre le pont que l'on passoit à planche.

2. *Ego* est devenu *eo* par la chute de la consonne médiane ; *eo* est devenu *io*, puis *jo*, par suite d'une transformation de l'*e* et de l'*i* que nous avons déjà signalée, p. 28. On trouve *eo* et *io* dans les *Serments de Strasbourg* (842) et *jo* dans la *Chanson de Roland*.

Pluriel

Cas-sujet   (*nos*), *nous;*
Cas-régime (*nos*), *nous;*

(*Nous* est souvent écrit *nus* dans les vieux textes.)

2° PERSONNE

Singulier   Pluriel

Cas-sujet   (*tu*), *tu;*   (*vos*), *vous.*
Cas-régime direct   (*te*), *te;*   (*vos*), *vous.*
Cas-régime indirect (*tibi*), *tei, toi.*

3ᵉ PERSONNE

Singulier

Cas-sujet   (*ille*), *il;*
                      (*illa*), *elle.*
Cas-régime direct   (*illum*), *le;*
                      (*illam*), *la.*
Cas-régime indirect (*illi huic*), *lui.*

Pluriel

Cas-sujet   (*illi*), *il;*
                      (*illæ*), *elle.*
Cas-régime direct   (*illos*), *ils, els* (*eux*)*;*
                      (*illas*), *elles.*
Cas-régime indirect (*illorum*), *leur.*

Pronom réfléchi de la 3ᵉ personne (singulier et pluriel.)

(Pas de cas-sujet.)
Cas régime direct   (*se*), *se;*
Cas-régime indirect (*sibi*), *soi.*

Nous voyons donc que les pronoms personnels ont conservé en français la déclinaison latine :
Cas-sujet : *je, tu, il elle, nous, vous, ils, elles.*
Cas-régime direct : *me, te, se, nous, vous, le, la, les.*

Cas-régime indirect : *moi, toi, soi, se, lui, leur*.

Moi, toi, sont souvent employés comme régimes directs et même comme sujets dans les exclamations :

> Moi, des bienfaits de Dieu je perdrais la mémoire !
> (RACINE, *Athalie,* act. II, sc. VII.)

me, te, se, nous, vous, comme régimes indirects.

Remarquons que, dans la vieille langue, *je* était employé à l'exclusion de *moi* au cas-sujet : On disait *je qui* pour *moi qui :* « Et *je, qui* onques ne li menti. » (JOINVILLE, IV, 27.) — « *Je* et mi chevalier en loames Dieu. » (*Id.,* XLIV, 210.)

Nous disons encore : *Je* soussigné, etc. Il en était de même pour *tu* et *il.*

Le pronom de la première personne se met quelquefois au pluriel quand celui qui parle veut se désigner individuellement : par exemple, un auteur l'emploie en parlant de lui. C'est une tradition de l'empire romain conservée par les souverains, les évêques et les personnes qui ont caractère et autorité. On l'emploie même familièrement : « Nous ne sommes pas sage ; nous voulons faire à notre tête. » Du pronom de la première personne, cet usage s'est étendu au pronom de la seconde, et on dit *vous* en s'adressant à une seule personne à qui l'on veut témoigner son respect. *Vous* se trouve ainsi employé dans les plus anciens monuments du latin vulgaire. L'usage s'en est étendu et il est commun aux langues néo-latines, excepté au valaque. Avec *nous* et *vous* ainsi employés, le verbe est au pluriel, mais l'attribut reste au singulier.

Nous remarquerons aussi que la règle de l'accent tonique a été respectée dans la formation du pronom *il, elle,* venant de *illum, illam ;* mais qu'elle ne l'a pas été pour *le, la* [1], *lui.* Ce dernier vient du pléonasme *illi huic* (*illi,* à celui-là, *huic,* à celui-ci). L'*h* a disparu, comme dans beaucoup de mots français dont l'original avait un *h* (*étique* de **hecticum, avoir* de *habere ; oui* de *hoc illud ; atelier* de

---

1. Le même phénomène s'est produit pour la formation de l'article. (V. p. 70.)

*hastellarium); l'*i* final de *illi* s'est élidé et il y a eu aphérèse de *il.*

Leur est le pluriel de *lui;* d'abord employé pour *d'eux,* au génitif, il a fini par signifier *à eux.* Conformément à l'étymologie, il ne prend pas d'*s*.

Le pronom *en* vient de *inde.* On le trouve sous la forme *int* dans les Serments de Strasbourg : *Si io returnar non l'int pois,* si je ne puis l'en détourner. Au dixième siècle, il est *ent;* dans la *Chanson de Roland, en.*

Y vient de l'adverbe latin *ibi,* que la langue vulgaire employait souvent pour le datif de *ille.* Dans le français populaire, *y* est encore souvent employé pour *à lui : à elle :* j'*y* dirai; quelquefois même pour *le :* j'*y* ferai bien. A proprement parler, *en* et *y* sont des adverbes employés comme pronoms.

Tous les adjectifs possessifs sont tirés des adjectifs latins correspondants ; ainsi nous avons :

SINGULIER

Masculin

Cas-sujet　　(*meus*), *mis, mes;*
Cas-régime　(*meum*), *mun, mon;*

Féminin

Cas-sujet　　(*mea*), *ma;*
Cas-régime　(*meam*), *ma.*

PLURIEL

Masculin

Cas-sujet　　(*mei*), *mi;*
Cas-régime　(*meos*), *mes.*

Féminin

Cas-sujet　　(*meæ*), *me;*
Cas-régime　(*meas*), *mes;*

Le cas-sujet a disparu dans ces adjectifs comme dans les substantifs; *mon, ma, mes* restent seuls employés.

Cependant *mes*, au cas-sujet singulier, subsista dans *messire* pour *mon sire*.

Les adjectifs possessifs de la deuxième et de la troisième personne dérivèrent de même de *tuus*, *tua*, *tuum*, et de *suus*, *sua*, *suum*. On peut voir des exemples du cas-sujet singulier masculin, *tis*, *sis*, comme *mis*, dans la *Chanson de Roland* :

> Li reis Marsilies est mult *mis* enemis (v. 144).
>
> (Le roi Marsile est beaucoup mon ennemi.)
>
> Ço set hum bien que jo suis *tis* parastre (v. 306).
>
> (Cela sait-on bien que je suis ton beau père.)
>
> Guenes respunt : Itels est *sis* curages (v. 375).
>
> (Ganelon répond : Telle est sa volonté.)

Le cas-régime seul subsiste, *ton* (tun) de *tuum*, *son* (sun) de *suum*, comme *mon* (mun) de *meum*.

Quant à *leur*, il vient, comme le pronom personnel, de *illorum*. Il s'écrivait sans *s*, même lorsqu'il accompagnait un nom pluriel. Mais, par analogie avec les autres adjectifs, l'habitude est venue de le faire accorder.

On ne connaissait pas, en roman, l'anomalie de la règle moderne qui veut qu'un mot féminin commençant par une voyelle soit précédé de l'adjectif possessif masculin, au lieu de l'adjectif féminin. On élidait l'*a* de *ma*, *ta*, *sa*, et on disait : *m'âme* pour *ma âme* et non *mon âme ; t'âme* pour *ta âme ; s'enfance* pour *sa enfance :* « L'anme del cunte portent en paréïs. » (*Ch. de Rol.*, v. 2396.) (Ils portent l'âme du comte Roland en paradis.) « *Biaus Sire Diex, je leveray m'amme*[1] *à toy.... En Dieu ot mout grant fiance dès s'enfance jusques à la mort.* » (JOINVILLE, XV, 70.) On disait de même *m'amie*, *s'amie ;* plus tard on ne comprit plus cette orthographe, et l'on écrivit en deux mots *ma mie*, *ta mie*. On trouve encore *m'amour ;* Molière, dans le *Misanthrope*

---

1. *Amme* est pour *anme*, par assimilation de l'*n* à l'*m*. *Anme* vient d'*anima*. L'accent circonflexe tient donc ici la place d'un *n* et non d'un *s* ; de même, dans *âge*, il tient la place d'un *e* (*eage*, *edage* dans la *Chanson de Roland*, de *ætaticum*) ; d'un *l* dans *pâle* de *pallidum*. — On trouve *eage* même au quinzième siècle : « En l'an trentiesme de mon *eage*. » (VILLON.)

et dans le *Malade imaginaire*, nous fournit de nombreux exemples de ces deux formes :

> Vous êtes ma mie, une fille suivante...
>
> (*Tartuffe*, I, 1.)

Nous avons déjà vu (p. 44) que l'on fait remonter l'étymologie de *tante* (*ta ante*) à une forme pareille.

Les pronoms possessifs *mien*, *tien*, *sien* viennent de *meum*, *tuum*, *suum* (comme *rien* de *rem*), dont ils sont les formes adoucies [1]. On trouve *men*, *ten*, *sen* antérieurement à *mien*, *tien*, *sien*.

Ils étaient primitivement aussi bien adjectifs que pronom : un *sien* livre, un *mien* parent.

> Par ceste barbe et par cest mien gernun [2].
>
> (Par cette barbe et cette mienne moustache.)
>
> (*Ch. de Rol.*, v. 239.)

Cette tournure est tombée en désuétude et n'est plus employée que dans le langage familier.

Notre et *votre*, adjectifs, *nôtre* et *vôtre*, pronoms, viennent de *nostrum* et de *vostrum* pour *vestrum*. Nous voyons que quand ils sont adjectifs, *notre livre*, *votre maison*, ils n'ont pas d'accent circonflexe, et qu'ils en ont un lorsqu'ils sont pronoms : « J'ai mon livre, avez-vous le *vôtre*? » La vieille langue, conformément à l'étymologie, mettait cependant un *s* dans les deux cas. D'où vient donc cette différence d'orthographe? Elle vient d'un changement de place de l'accent tonique. Quand *notre*, *votre* sont adjectifs, *notre livre*, *votre maison*, ils ne font qu'un, pour ainsi dire, avec le mot suivant sur lequel se porte alors toute la force de la voix. L'accent tonique de *notre*, *votre*, ne se perd pas absolument, mais il s'affaiblit comme il arrive dans les mots composés, où chaque mot composant conserve bien son

---

1. Consulter à ce sujet Burguy, *Grammaire de la langue d'oïl*. — Ces formes *men*, *ten*, *sen*, subsistent encore dans le patois, et y ont un féminin *mène*, *tène*, *sène*.

2. *Gernun* vient de **granones*, augmentatif de **grani* qu'on trouve dans les *Origines* d'Isidore de Séville (XIX, 23, 7).

accent tonique, mais plus faible, presque nul[1]. C'est le contraire qui se produit quand *nôtre, vôtre* sont pronoms. Quand nous disons : *ce livre est le nôtre, cette maison est la vôtre,* toute l'intensité de la voix se porte sur le dernier mot.

L'adjectif démonstratif neutre *ce* vient de *ecce hoc* (*ecce,* voilà; *hoc,* cela), qui donna *iço :*

> Iço vus mandet reis Marsilie,
> (Cela vous ordonne le roi Marsile),
> (*Ch. de Rol.,* v. 125);

puis *ço :*

> Ço senefiet pais e humilitet,
> (Cela signifie paix et soumission).
> (*Id.,* v. 78),

et enfin *ce.*

Cet était anciennement *cest,* cas-régime de *cist*[2], qui lui-même vient de *icist,* cas-régime *icest : En cest* païs (*Ch. de Rol.,* v. 17), a *icest* mot (*id.,* v. 1180). *Icist* vient de *ecce iste* (voilà celui-ci, cas-sujet), *icest* correspond à *ecce istum* (même sens, cas-régime). Le masculin *ce* n'a pas la même étymologie que le pronom neutre *ce :* il n'est que l'affaiblissement de *cet* devant un mot commençant par une consonne.

Cist avait pour cas-régime indirect *cestuy* (*ecce isti huic*) :

> Mais qui est cil, ne celle en *cestuy* monde,
> En qui douleur par faux rapport n'abonde?
> (MAROT, *Elégies,* XIX.)

On le trouve écrit *cettuy,* dans La Fontaine, La Bruyère, Voltaire; il n'est plus usité que dans le style marotique :

> De *cettuy* preux maints grands clercs ont écrit.
> (LA BRUYÈRE.)

Celui, primitivement *icelui,* est le cas-régime indirect de *cil* (*ecce ille*), qui avait pour cas-régime direct *cel*; il faisait au féminin *cele,* d'où la forme moderne *celle.*

Ce cas-régime en *ui,* que nous venons de voir dans *cestuy,* et que nous retrouverons dans *autrui* vient de l'addition

---

1. Voir page 8.
2. L. Gautier, *Chanson de Roland,* Glossaire, aux mots *cest, cist, icist, icest.*

du démonstratif latin *huic*. Nous avons déjà constaté ce phénomène à propos de l'étymologie de *lui*. Primitivement, au lieu de *cil*, *cel*, on disait *icil* (*ecce ille*), *icel* (*ecce illum*). Cette dernière forme a longtemps subsisté dans le langage de la procédure, et Racine ne l'a pas oubliée dans ses *Plaideurs*.

Dans l'ancienne poésie, *cil* s'employait souvent avec la valeur de l'article qui, nous l'avons vu (p. 69) est un démonstratif.

Le pluriel *ceux*, primitivement *iceux*, vient de *icels* (*ecce illos*).

Les formes *celui*-ci, *celle*-ci, *celui*-là, *celle*-là, etc., sont modernes; elles ne sont pas antérieures au quinzième siècle. *Ci* n'est qu'une abréviation par aphérèse de *ici* (*ecce hic*); *là* est l'adverbe de lieu venant de *illac*.

Passons aux *interrogatifs* et aux *conjonctifs*.

Quel vient de *qualem* et se construit comme un adjectif: *Quel* homme est-ce? Bien qu'il ait en latin la même terminaison pour le masculin et le féminin, comme nous l'avons remarqué pour *grandis*, *fortis*, il avait en roman le féminin *quele*, d'où notre *quelle*.

Quel se construit avec l'article *le*, *la*, *les*; il est alors pronom; mais, en roman, on trouve *quel* tantôt avec l'article, tantôt sans l'article. Cette construction persista jusqu'au dix-septième siècle[1] :

> Quels *de* vos diamants me faut-il lui porter?
> (CORNEILLE, suite du *Menteur*, II, 3.)
> Quel *des deux* voulez-vous, ou mon cœur ou ma cendre?
> Quelle *des deux* aurai-je, ou la mort, ou Cassandre?
> (ROTROU, *Venceslas*, II, 2.)

Dans l'ancienne langue, on avait un autre adjectif interrogatif *quantième*, formé du suffixe *ième* et du radical de *quantus*, que nous retrouvons dans *toutes et quantes fois*. *Quantième* signifiait : *à quel ordre numérique*? On disait : le *quantième* êtes-vous dans votre compagnie?

Ce mot s'est conservé comme adjectif jusqu'à la fin du dix-septième siècle. Il ne s'emploie plus aujourd'hui que

---

1. F. Godefroy, *Lexique de la langue de Corneille*.

comme substantif, en sous-entendant le mot *jour :* le *quantième* du mois. A part cela, il est remplacé par *quel.*

Quant, quante (*quantum, quantam*), *quants, quantes,* était anciennement corrélatif de *tant* (*tantum*). Au singulier il représentait la grandeur, au pluriel le nombre. On ne le retrouve plus que dans le neutre singulier, *quant à moi* (autant qu'il est en moi), et au pluriel féminin dans la locution que nous avons indiquée : *toutes et quantes* fois (autant de fois que).

Qui, que, quoi viennent de *qui, quem, quid : qui,* cas-sujet ; *que,* cas-régime ; *quoi,* neutre pour les deux cas.

Un emploi très curieux de *qui,* comme distributif, se trouve dans le vieux français : « Ils se saisirent, *qui,* d'une épée, *qui* d'une pique, *qui* d'une hallebarde. » — « Les médecins ont raisonné là-dessus comme il faut ; et ils n'ont pas manqué de dire que cela procédoit, *qui* du cerveau, *qui* des entrailles, *qui* de la rate, *qui* du foie. » (MOLIÈRE, *le Médecin malgré lui*, II, 9.) Nous trouvons *que* construit de la même manière dans Joinville, Commines et La Fontaine : « Mangeoient encore à une table vingt *que* evesque *que* archevesque. » (JOINVILLE, XXI, 95.) — « *Que* bons, *que* mauvais. » (COMMINES, I, 8.) — « *Que* bien, *que* mal elle arriva. » (LA FONTAINE, IX, 2.)

Dont vient de *de unde.* Jusqu'au dix-huitième siècle, il s'est employé dans son sens étymologique, c'est-à-dire dans le sens d'un adverbe de lieu, *d'où.* L'exemple le plus connu est le vers de Racine :

> Rentre dans le néant dont je t'ai fait sortir.
> - (*Bajazet*, II, 4.)

vers qu'on peut rapprocher du passage suivant des *Nouvelles réflexions sur l'art poétique,* de B. Lamy : « Dieu les (les créatures) empêche de retomber dans le néant *dont* elles sont sorties. » Voici d'autres exemples :

> Ne doutez point du bras *dont* partiront les coups.
> (CORNEILLE, *Polyeucte*, V, 6.)

> Frère Jean l'aperçut, et demandant *dont* lui venoit telle fascherie non accoutumée... (RABELAIS, IV, 18.) — Les montagnes *dont* il descend. (BUFFON.)

Mais *dont* a perdu ce sens de nos jours, et il n'a gardé que celui de *duquel* ou *par lequel*. Il était aussi employé au dix-septième siècle pour *ce dont, une chose dont, de quoi, avec quoi* :

> Voilà *dont* le feu roi me promit récompense.
> (CORNEILLE, *Don Sanche*, I, 4.)

> Voici *dont* je vais rendre, aux dépens de ta vie,
> Et ma flamme vengée, et ma haine assouvie[1].
> (ID., *Clitandre*, I, 8.)

Au dix-septième siècle, notre adverbe *où* se prenait souvent pour un pronom relatif accompagné des prépositions *à, en, dans, chez, sous, sur, par lequel.*

> Celle *où* j'ose aspirer est d'un rang plus illustre.
> (CORNEILLE, *Polyeucte*, V, 5.)

> Le déplorable état *où* je vous abandonne.
> (ID. *ibid.*, IV, 3.)

L'adjectif indéfini, *un, une*, vient, comme l'adjectif numéral, de *unum, unam*, qui, dans le latin populaire, était devenu synonyme de *un certain (quemdam)*.

Aucun, primitivement *alqu'un, alcun*, est composé de *alque*, du latin *aliquem*, qui signifie *quelque*, et de *un*, Étymologiquement, *aucun* signifie *quelqu'un* et n'a pas le sens négatif : « *Aucuns* disent ; d'*aucuns* ont compté. — Phèdre était si succinct, qu'*aucuns* l'en ont blâmé. » (LA FONTAINE.)

> Il suit *aucunes fois* un cerf par les foulées.
> (RACAN.)

L'adverbe *aucunement* signifiait de même : *en quelque chose.*

Mais ordinairement on emploie *aucun* avec une négation, et si dans cette phrase : « Avez-vous un livre à me prêter ? *Aucun*, » ce mot *aucun* a le sens négatif, c'est par suite de la construction elliptique. La réponse complète serait : « Je n'en ai aucun. » L'habitude prise de construire

---

1. F. Godefroy, *ouvrage cité.*

ainsi elliptiquement cet indéfini a contribué à le faire regarder comme négatif.

Nul, nulle (*nullum, nullam*) est toujours négatif, conformément à l'étymologie *ne ullum, non ullum*. Il s'emploie comme adjectif et comme pronom. Dans la vieille langue, il avait le cas-régime indirect *nullui* (*nulli huic*). « Et il ne vout *nullui* croire, ains sailli en la mer. » (JOINVILLE, II, 8.)

Remarquons que, comme *aucun*, il ne s'emploie jamais sans négation, bien que étymologiquement il ait le sens négatif.

Autre était en vieux français *altre*, du latin *alterum*, que nous retrouvons dans *altérer*, de **alterare* :

> L'uns en l'escut e li *altre* en l'osberc.
>
> (L'un en l'écu et l'autre au haubert.)
>
> (*Ch. de Rol.*, v. 1383.)

Nous l'avons vu employé dans le sens de *second* dans une énumération[1]. Il avait comme cas-régime *autrui*, comme *cil* avait *celui*; *cest*, *cestuy*. *Autrui* vient de *alteri huic*, et signifiait *de cet autre, à cet autre* : *L'autrui chatel*, le bien d'autrui. » (JOINVILLE, V, 34.) — « Je n'i vi cottes brodées ne les le roy ne *les autrui* » (ID., III, 25); je n'y vis cottes brodées, ni celles du roi, ni celles d'autrui. » Il est aujourd'hui substantif, et ne s'emploie que comme complément :

> Se parer des dépouilles *d'autrui*.
>
> (LA FONTAINE, IV, 9.)
>
> Manger l'herbe *d'autrui!* Quel crime abominable.
>
> (ID., VII, 1.)

On trouve l'*autrui* avec le sens de : *le bien d'autrui* :

> Li emperere d'Alemaigne,
> Qui volontiers *l'autrui* gaaigne[2].
>
> (L'empereur d'Allemagne qui volontiers s'empare du bien d'autrui.)

---

1. Voir p. 86.
2. Burguy, *Grammaire de la langue d'oïl*, t. 1er, p. 172. Dans le récit de la bataille de Poitiers, après avoir raconté la noble conduite du prince de Galles et des chevaliers anglais envers leurs prisonniers, et les facilités qu'ils leur donnèrent pour se racheter, Froissart ajoute : « La coutume des Allemands et

Chaque, primitivement *chesque*, *chasque*, vient de *quisque*, qui a le même sens[1]. *Chacun* a été formé par l'addition à *chaque* du mot *un*. *Chacun* était autrefois *adjectif*, aujourd'hui il est pronom : « *Chacun* sait que... »

Il y avait un pléonasme fort usité et qui subsiste encore dans le langage populaire de nos jours : c'était *un chacun*.

Molière l'emploie souvent :

> Hautement *d'un chacun* elles blâment la vie.
>> (*Tartuffe*, I, 1.)

> Et *d'un chacun* il doit être approuvé.
>> (*Id.*, II, 4.)

On le trouve aussi dans Corneille :

> Pour moi, j'aime *un chacun*.....
>> (*La Place Royale*, I, 1.)

Ce pléonasme vient de ce que *chacun* était considéré comme adjectif.

Certain, vient du latin *certus*, par l'adjonction d'un suffixe *anum*, *ain*.

Maint, regretté par La Bruyère[2], signifie *beaucoup de*; il a une origine germanique; il est *manch* en allemand, *many* en anglais.

> J'ai *maints* chapitres vus
> Qui pour néant se sont ainsi tenus.
>> (LA FONTAINE, II, 2.)

Il est encore usité dans le langage familier : *maintes et maintes fois*.

Plusieurs vient de *plusiores*. Il a perdu le sens compa-

leur courtoisie n'est pas semblable, car ils n'ont pitié ni merci du nul gentilhomme, s'il tombe entre leurs mains prisonnier ; mais ils le rançonneront de toute sa fortune, et encore plus : ils le mettront dans les liens; les entraves et les plus étroites prisons qu'ils pourront trouver pour extorquer une rançon plus considérable. » Il dit quelque part ailleurs : « Il n'y a rien tant que les Allemands désirent que d'avoir quelque cause et motif de guerroyer le royaume de France, pour abattre le grand-orgueil qui est en lui et prendre part aux profits de la guerre. » On dirait que ces lignes ont été écrites de nos jours.

1. M. Léon Gautier, dans son Glossaire de la *Chanson de Roland*, n'admet pas cette étymologie; et dit que l'étymologie véritable est encore à trouver.

2. « *Maint* est un mot qu'on ne devait jamais abandonner, et par la facilité qu'il y avait à le couler dans le style, et par son origine, qui est française. » (La Bruyère, *De quelques usages.*)

ratif qu'il avait en latin. Nous ne disons pas : Il y avait là-bas plusieurs personnes qu'ici.

Même vient de **metipsissimum*, en passant par les formes successives : **metipsimum, médisme, méïsme, méesme, mesme.*

> Voir, dist Raous, encore en ocirai ;
> Ton cors *meesme* se aisément en aï[1].

(Vrai, dit Raoul, j'en occirai encore et toi-même, si cela me fait plaisir.)
(*Raoul de Cambrai.*)

> En lui *meïsme* en est mult esguarez.
> (En lui-même, il en est fort égaré.)
> (*Ch. de Rol.*, v. 1036.)

> N'ert point la terre lors arée,
> Par soi *meïsme* aportoit[2].

(La terre n'était pas alors cultivée et produisait d'elle-même.)
(*Roman de la Rose.*)

Il s'employait aussi comme de nos jours avec la préposition *de* pour former la locution adverbiale *de même.*

Quelque est formé de *quel* (*qualem*) et de *que* (*quem*). Il s'emploie de deux manières :

1° Ou bien il est adjectif indéfini : *Quelques livres, quelques fruits;* 2° ou bien il est adjectif conjonctif et s'emploie corrélativement avec *que*, et est toujours suivi des verbes *être, paraître*, etc., mis au subjonctif.

Mais l'adjectif indéfini *quelque* ne doit pas être confondu avec l'adjectif conjonctif *quel que*, bien que leur étymologie soit la même.

Quelque, indéfini, s'emploie adverbialement devant un adjectif numéral et reste invariable. Au seizième et au dix-septième siècle, il était, dans ce cas, tantôt variable, tantôt invariable.

Quelconque vient de *qualemcunque;* il est toujours adjectif et marque l'indétermination de la qualité.

Tel vient de *talem;* on trouve dans la *Chanson de Roland* (v. 372, 1877, 1395, 991) *itels* (cas-sujet), *itel* (cas-régime), formés par analogie d'après *icist*.

1. Aubertin, *Textes...*, p. 31.
2. Id., *ibid.*, p. 122.

Personne vient du latin *personam*, qui signifiait *masque de théâtre*. On sait que les acteurs anciens jouaient avec un masque sur le visage. On finit par identifier le masque avec le héros représenté, avec le rôle que jouait l'acteur, avec l'acteur lui-même; et *persona* en vint à désigner un individu, une *personne*.

Personne s'emploie comme substantif et alors est féminin, soit singulier, soit pluriel. On le trouve aussi du masculin : « Quand deux personnes sont de même sentiment, *ils* ne devinent point. » (PASCAL, *Discours sur les passions de l'amour*.) Quoique féminin, il désigne indifféremment un homme ou une femme. Il est aussi pronom indéfini, et alors il s'emploie sans article et est toujours du masculin et du singulier. Il n'est négatif que lorsqu'il est accompagné de *ne*, excepté toutefois dans les propositions elliptiques, comme nous l'avons vu pour *aucun*.

On vient de *homo*. Il fut successivement *hom, om*, puis *on*[1]. *Homo* étant du masculin et du singulier, on comprend pourquoi *on* a conservé le même genre et le même nombre. Il n'est jamais complément; c'est naturel puisqu'il dérive du cas-sujet *homo*. Il est du féminin, par syllepse, lorsqu'il désigne évidemment une femme : « *On* n'est pas toujours jeune et *jolie*. » On le trouve quelquefois déterminé par un qualificatif :

> De tous vos façonniers, *on* n'est point *les esclaves*.
>
> (MOLIÈRE, *Tartuffe*, 1, 6.)

On l'employait avec ou sans article. Nous conservons l'article lorsqu'il faut éviter une consonnance désagréable :

> Ce que *l'on* conçoit bien s'énonce clairement.
>
> (BOILEAU.)

Si, dans les expressions comme *dira-t-on, va-t-on*, on évite la consonance au moyen d'un *t*, dit *euphonique*, c'est que ce *t* est étymologique; c'est le *t* de la troisième personne du singulier du verbe latin, *t* qui subsiste en roman, et que l'on a conservé naturellement.

---

1. Dans la *Chanson de Roland* il est *hum* (sujet singulier), *hume* (régime singulier), *hume* (sujet pluriel), *humes* (régime pluriel).

Rien vient de *rem*, cas-régime de *res* (chose). Il était féminin dans l'ancien français avec son sens étymologique et obéissait à la règle de l's. Le trouvère Rutebeuf (treizième siècle) a dit de la mort : « La *riens* qui la plus certaine soit. » Joinville l'emploie aussi dans le sens de *chose* : « Il n'est nulle *riens* au monde que j'en prisse, » (IX, 47), et dans le sens de *créatures* : « Se tu creins Dieu, si te creindront toutes les *riens* qui te verront. » (II, 12.)

> Et où, si je sçay *rien* (quelque chose), j'appris ce que je sçay.
> (RÉGNIER, *Sat.*, II, v. 226.)

De nos jours, ce mot s'emploie comme substantif masculin dans la locution *un rien*. Il n'avait pas originairement le sens négatif, et maintenant encore, pour avoir ce sens, il est le plus souvent accompagné de la négation *ne*. Lorsque, dans les *Femmes savantes*, Bélise se moque de Martine, qui vient de lui dire :

> Et tous vos biaux dictons *ne* servent *pas de rien*.
> (II, VI, 479.)

Bélise a tort : Martine parle plus français qu'elle, étymologiquement s'entend. Serait-il impossible que Molière, qui avait lu nos vieux fabliaux et y avait puisé, ait voulu donner un ridicule de plus à la femme savante, ridicule que seuls pouvaient comprendre les lettrés ?

CHAPITRE X

SOMMAIRE. — Des verbes. — De la conjugaison latine dans ses rapports avec la conjugaison française. — Tendance analytique de la conjugaison française. — Organisation des auxiliaires pour le service de la conjugaison. — Le passif exprimé, non plus par des désinences, mais par l'auxiliaire *être* et le participe passé. — Introduction des temps composés pour le passé. — Création d'un nouveau mode, le conditionnel. — Formation du futur et du conditionnel. — Des auxiliaires. Des personnes. — De l'infinitif. — Du participe présent. — Du participe passé.

Les verbes latins se divisent, comme les verbes français, en *transitifs* (amo, j'aime), *intransitifs* (pereo, je péris), *passifs* (*amor*, je suis aimé) ; ils ne revêtent que deux formes : l'une, celle de la voix active (*amo*, *pereo*), l'autre celle de la voix passive (*amor*). Une quatrième classe, celle des verbes *déponents*, a la forme passive et le sens transitif (*imitor*, j'imite) ou intransif (*morior*, je meurs)[1]. Les verbes actifs comprennent quatre conjugaisons qui se distinguent par la lettre finale du radical à l'infinitif présent et à la deuxième personne du singulier du présent de l'indicatif.

	1re conjug.	2e conjug.	3e conjug.	4e conjug.
Infinitif actif :	$\bar{a}$-*re*	$\bar{e}$-*re*	$\breve{e}$-*re*	$\bar{i}$-*re*
2e personne du singulier du présent de l'indicatif actif :	$\bar{a}$-*s*	$\bar{e}$-*s*	$\breve{i}$-*s*	$\bar{i}$-*s*

Les verbes latins, à quelque classe qu'ils appartiennent, ont cinq modes : l'*indicatif*, le *subjonctif*, l'*impératif*, l'*infinitif*, le *participe* (présent et futur actifs, passé et futur passifs) ; trois temps principaux : le *présent*, le *parfait*, le *futur* ; trois temps secondaires : l'*imparfait*, le *plus-que-parfait*, le *futur antérieur*. Le parfait de l'indicatif correspond lui seul à nos trois parfaits : *défini*, *indéfini*, *antérieur*.

Chaque personne avait une terminaison particulière. En voici le tableau :

		ACTIF :	PASSIF :
Singulier	1re pers.	*o*, *i* ou *m*,	*r* ;
	2e —	*s*, *sti*,	*ris* ou *re* ;
	3e —	*t*,	*tur* ;
Pluriel	1re pers.	*mus*,	*mur* ;
	2e —	*tis*,	*mini* ;
	3e —	*nt*,	*ntur*.

Ces terminaisons servent pour tous les temps et tous les modes, exceptés : 1° l'infinitif ; 2° l'impératif ; 3° les participes ; 4° les temps passés du passif qui sont formés

---

1. Les verbes déponents n'ont pas de dérivés français ; ils avaient disparu dans le latin populaire pour faire place à des formes actives.

comme en français, par l'adjonction de l'auxiliaire *être* au participe passé.

Outre les formes personnelles et les participes, les verbes avaient encore deux formes particulières et impersonnelles, auxquelles, on donne quelquefois le nom de *modes*, appelées l'une *supin*, l'autre *gérondif.*

Le supin était terminé en *um* et en *u : amatum*, pour aimer; *amatu*, à aimer (*facilis amatu*, facile à aimer, à être aimé).

Le gérondif, ou plutôt les gérondifs, car il y avait trois formes, servait à exprimer, comme l'infinitif, l'action en général : *amandi*, d'aimer; *amando*, en aimant; (ad) *amandum*, (pour) aimer.

La conjugaison française n'a conservé du latin que la voix active, c'est-à-dire qu'elle n'a pas eu de forme particulière pour la voix passive, comme le latin. Le français forme le passif avec le participe passé du verbe accompagné de l'auxiliaire *être*;

Amo, j'aime; *amor*, je suis aimé.

Mais aux temps passés passifs latins nous trouvons une formation analogue à celle du français : *amatus eram*, j'avais été aimé. Cette formation des temps passés passifs s'est étendue en français à tous les temps, même aux temps passés actifs : ce qui nous fait remarquer que *le caractère général de la conjugaison romane, c'est l'importance donnée aux formes analytiques.* De même que, dans les noms, les cas avaient disparu et avaient vu les rapports qu'ils exprimaient marqués par des prépositions, de même les auxiliaires vinrent remplacer au passif et dans certains temps de la voix active les flexions greffées au radical verbal chargées d'indiquer les différentes modifications de temps, de nombre, de personnes, de voix, subies par le radical[1].

Quant aux *modes*, le français a perdu deux modes latins: 1° le *supin*, qui était une sorte de nom verbal; 2° *les gérondifs*. Il a remplacé le gérondif tantôt par le participe pré-

---

1. C. Chabaneau, *Histoire et théorie de la conjugaison française.*

sent avec *en*, tantôt par l'infinitif avec *à* : On devient savant *en* étudiant ; il passe son temps *à* lire ;

> A vaincre sans péril on triomphe sans gloire.
> (CORNEILLE, *Le Cid*, II, 2.)

Quelquefois même le participe n'est pas précédé de *en* : *chemin faisant, tambour battant.*

Le français a créé un nouveau mode, le *conditionnel*, qui se confondait en latin avec l'imparfait et le plus-que-parfait du subjonctif.

Pour les *temps*, nous remarquerons deux modifications importantes :

1° Les temps passés, à part l'imparfait et le parfait défini, n'ont plus été exprimés seulement par des désinences, comme en latin (*amaveram*, j'avais aimé), mais ils ont été composés avec l'auxiliaire *avoir* et le participe passé : *amavi* j'aimai, j'ai aimé, j'eus aimé, et quelquefois avec l'auxiliaire *être* : je *suis* venu, que je *fusse* allé.

2° Le futur a été formé à l'aide de l'auxiliaire *avoir*. Ainsi j'*aimerai*, tu *aimeras*, ne viennent pas de *amabo*, *amabis*, mais de *aimer* et du présent de l'indicatif *ai*, *as*, etc. Cette tournure correspond au latin *amare habeo*, qui se traduit régulièrement par *aimer ai*, que l'usage a fini par réunir en un seul mot *aimerai*. Dans de vieux textes romans on trouve même l'infinitif séparé du verbe *avoir* par un complément, et au lieu de : *Je vous dirai*, on trouve : *je dire vos ai*. Cette sorte de futur n'était pas inconnue en latin. On trouve dans Cicéron : *habeo scribere* (*ad Att.*, II, 22) j'ai à écrire, j'écrirai. Plus tard, cette tournure finit par remplacer la forme classique.

Le *conditionnel* se forme d'une manière analogue. Il n'existait pas de forme distincte en latin pour exprimer l'idée qu'il représente. On se servait de l'imparfait ou du plus-que-parfait du subjonctif. Le plus-que-parfait du subjonctif (*amavissem*, *amassem*) nous a donné l'imparfait actuel (*aimasse*), tandis que l'imparfait du subjonctif latin a disparu dans notre langue[1].

---

[1]. Il est resté en espagnol et en provençal avec le sens conditionnel.

Le conditionnel français a été formé de l'infinitif du verbe et de la finale de l'imparfait de l'indicatif du verbe *avoir* : *j'aimerais* est pour *j'aimer-avais*[1]. Cette formation du conditionnel à l'aide de l'imparfait n'a rien qui puisse nous surprendre si l'on réfléchit que le conditionnel désigne un avenir au point de vue du passé, comme le futur un avenir au point de vue du présent[2]. La formation du futur et du conditionnel est donc la même en français : tous deux viennent de l'infinitif auquel on a ajouté, pour le futur, le présent de l'indicatif de *avoir*, et, pour le conditionnel, la finale de l'imparfait de l'indicatif.

Si quelques verbes, comme *avoir*, *être*, *courir*, etc., paraissent former irrégulièrement leur futur, et faire *aurai*, *serai*, *courrai*, cela vient de ce qu'il existait primitivement une forme infinitive tombée de nos jours en désuétude.

Aurai était primitivement *aveir ai*, *avr' ai*, et, comme nous savons que le *v* et l'*u* se confondaient souvent, il n'est pas étonnant que nous ayons *aurai*. *Serai* est formé de l'infinitif bas-latin **essere* et de *ai* ; *esserai*, puis *serai*, par aphérèse de *es* (qui s'explique naturellement si nous prononçons *esserai* précédé du pronom *je*, *j'esserai*, *je serai*). *Courrai* vient de l'infinitif *courre* et *ai*. De même *quérir* a donné *querrai* de l'infinitif *querre* ; *envoyer*, *j'enverrai* (*envéier*) ; *voir* tire son futur *je verrai* de la forme primitive *veoir* ; *je pourrai*, primitivement *je pouvrai*, vient de *pouvoir ai* ; *je cueillerai* de l'infinitif *cueiller*, etc.

Les autres temps se forment régulièrement, exemple :

PRÉSENT DE L'INDICATIF :

ámo,	*aime,*
ámas,	*aimes,*

---

1. La forme ancienne de notre conditionnel est : *ameroie*, *ameroies*, *ameroit*, *amerions*, *ameriez*, *ameroient*. Les finales, dit M. Littré, sont ici exactement les mêmes que celles de l'imparfait et répondent à *abam*, *abas*, *abat*, *abamus*, *abatis*, *abant* ; de sorte que, si on refaisait à l'aide du français la forme du bas-latin qui a existé en fait ou virtuellement, on aurait *amarabam*. (*Histoire de la langue française*, II, 312.)

2. Burguy, *Grammaire de la langue d'oïl*, I, 236. — C. Chabaneau, *Histoire de la conjugaison française*, p. 17 : « Le conditionnel est un *futur imparfait* ou *relatif*... Le futur a lui-même souvent le sens conditionnel : « *Je lirai* ce livre si on me l'apporte. Le conditionnel : *Je lirais ce livre si on me l'apportait*, exprime la même chose avec moins d'assurance. »

ámat,	*aimet,* puis *aime,*
amámus,	*aimomes* [1], *aimons,*
amátis,	*aimez,*
ámant,	*aiment.*

IMPARFAIT DE L'INDICATIF :

Amábam : ameve, amove, amoue, amoie, amois, aimois, aimais, etc.

PARFAIT DE L'INDICATIF :

amá (v)i,	*aimai,*
amásti,	*aimas,*
amá (v) it,	*aimat,* puis *aima,*
amá (v) imus,	*aimâmes* [2],
amástis,	*aimastes, aimâtes,*
amárunt,	*aimèrent.*

Les formes *amasti, amastis, amarunt,* sont des contractions classiques pour *amavisti, amavistis, amaverunt.*

De même encore l'imparfait du subjonctif français s'est formé du plus-que-parfait du subjonctif latin contracté : *aimasse* vient de *amassem,* contraction de *amavissem.*

Quant aux temps passés, nous l'avons vu, ils se forment du participe passé latin et de l'auxiliaire *être* ou *avoir : j'ai aimé* correspond à *habeo amatum.*

L'emploi des verbes auxiliaires pour la formation des temps passés dans les verbes actifs et neutres, et pour celle de *tous* les temps dans les verbes passifs est donc une particu-

---

1. Cette désinence *omes* que nous trouvons dans le français du moyen âge, et surtout dans le dialecte picard, est presque latine et s'est conservée dans nous *sommes* (*sumus*). Elle a donné naissance à *ons*, par la chute de l'*e : aimom's.*

2. « La première personne du pluriel (du parfait) est, dans les plus anciens textes bourguignons et normands écrite sans *s* intercalaire : *pechames, arrivames.* Mais de bonne heure les textes picards intercalèrent une *s : levasmes, feismes.* Cette lettre est une faute car il n'y a point d'*s* dans la personne correspondante du temps latin ; mais l'*s* picarde s'étant propagée, la langue du seizième et du dix-septième siècle l'a recueillie, et celle de notre temps l'a remplacée par un accent circonflexe tenant la place de ce qui, en réalité, ne manque pas. » (LITTRÉ, *Histoire de la langue française,* II, 130.)

larité remarquable de la langue française. Cependant on trouvait déjà en latin des locutions où le verbe *avoir* (*habere*) perdait son sens particulier de *posséder* pour n'être plus qu'un auxiliaire. Il y avait donc deux formes pour le parfait : l'une, *synthétique*, comme *dixi* (j'ai dit), *paravi* (j'ai préparé), indiquant que l'action avait été faite, et une autre, *analytique*, comme *dictum habeo*, *paratum habeo*, indiquant non seulement que l'action avait été faite, mais qu'elle avait été complètement achevée.

En latin, le verbe *esse*, qui signifiait *être*, était défectif : il empruntait son participe futur *futurus* et six de ses temps passés (parfait et plus-que-parfait de l'indicatif et du subjonctif, futur antérieur de l'indicatif, parfait de l'infinitif) au verbe inusité **fuere* dont la racine *fu* se retrouve en grec, et signifie *naître et croître*[1]. L'une des formes de l'imparfait du subjonctif (*forem*) et du futur de l'infinitif (*fore*) dérivait de la racine *fo* qui n'est qu'une modification de *fu*.

Il en est de même en français. Le verbe *être* emprunte ses temps :

1° à **essere*, infinitif barbare pour *esse* ;
2° au verbe **fuere* ;
3° au verbe *stare*.

Essĕre a donné d'abord *estre*, puis *être*, par la chute de la syllabe brève *sĕ* et l'épenthèse d'un *t*[2]. C'est à tort qu'on a fait venir *être* de *stáre*, qui est accentué sur *stá*, et qui a donné régulièrement le verbe *ester*, qui n'est plus usité que dans l'expression *ester en justice*, c'est-à-dire poursuivre judiciairement une action[3]. L'indicatif présent et le subjonctif présent sont calqués sur les temps correspondants latins :

---

1. C'est à cette racine que se rattachent les mots *physiologie*, *physionomie*, *néophyte*, *zoophyte*, *foin*, *faner*, *fécond* et ses dérivés.
2. Voir page 44.
3. Il signifiait s'arrêter, rester en paix (stare) : « Mais ju larai or *ester* lo los (St Bernard), mais je laisserai maintenant de côté la louange. » — Aubertin, *Textes*, p. 251.

INDICATIF		SUBJONCTIF	
sum	*sui, suis*[1],	sim,	*sois*[2]
es,	*es*,	sis,	*sois*,
est,	*est*,	sit,	*soit*,
sumus,	*sommes*,	simus,	*soyons*,
estis,	*estes, êtes*,	sitis,	*soyez*,
sunt,	*sont*.	sint,	*soient*.

**Essere* a donné aussi le futur je *serai* (*essere habeo*) par aphérèse de *es*. Dans la vieille langue on trouve un futur *iert*, *ert*, usité seulement à la troisième personne et qui dérive de *erit*, futur de *sum* :

> Ja mais n'*iert* tels com fut as anceisors.
>
> (Jamais il ne serait tel qu'il ne fut au temps de ses ancêtres[3].)
> (*Vie de saint Alexis.*)

> Ço n'*iert*, dist Guenes, tant cum vivet sis niés.
>
> (Ce ne sera pas, dit Ganelon, tant que vit son neveu.)
> (*Ch. de Rol.*, v. 544.)

Des divers temps de **fuere* sont venus le parfait défini et l'imparfait du subjonctif. Le parfait défini vient du parfait latin ; l'imparfait du subjonctif du plus-que-parfait du subjonctif :

PARFAIT DE L'INDICATIF

fui,	*fu*	et	*fus*;
fuisti,	*fus;*		
fuit,	*fut;*		
fuimus,	*fûmes;*		
fuistis,	*fustes* et	*fûtes;*	
fuerunt,	*furent*.		

---

1. *Sum* est pour *esum* ; sa racine est *es* ; de même *sumus* et *sunt* sont pour *esumus, esunt.*

2. Sur *i* devenant *oi*, V. p. 28.

3. Aubertin, *Textes*, etc., p. 3.

PLUS-QUE-PARFAIT du subjonctif latin.	IMPARFAIT du subjonctif français.
fuissem,	*fusse;*
fuisses,	*fusses;*
fuisset,	*fust,* fût;
fuissemus,	*fussions;*
fuissetis,	*fussiez;*
fuissent.	*fussent.*

Quant au verbe *stare,* son participe présent *stantem* a donné notre français *estant,* puis *étant,* par prosthèse de l'e[1]; de même son participe passé *statum* a donné *esté,* puis *été.* Suivant quelques grammairiens l'imparfait *était* vient de *stabam;* suivant d'autres[2] il a été formé directement de l'infinitif *être,* comme *mettais* a été formé de *mettre.* L'imparfait latin *eram, eras, erat,* n'a pas subsisté dans le français, mais il a donné en roman la 3ᵉ personne *eret* et *ert :*

> Sunjat qu'il *ert* as greignurs porz de Sizre.
>
> (Il vit en songe qu'il était aux grands défilés de Cizre.)
> (Ch. de Rol., v. 719.)

> Li siecles *ert* moult precieus.
> (Roman de la Rose.)

— « Notre Sire Diex qui sent que li cueur des apostres *erent* trouble et triste de sa passion. » (MAURICE DE SULLY[3].)

Le verbe *avoir* vient de *habēre.* Il y a eu chute de l'*h,* comme dans *on* de *homo,* *oui* de *hoc illud,* *étique* de **hecticum*[4]. Le *b* s'est adouci en *v,* comme dans *liberationem,* livraison[5]. Enfin le premier *e,* qui est long, est devenu *oi,* comme dans *me* (moi)[6].

1. Page 42.
2. Littré, *Hist. de la lang. fr.,* II, 201. — G. Paris, *Accent latin,* p. 79 et 132. — Brachet, *Gramm. historique,* p. 193. — Chabaneau, *Hist. et théorie de la conj. fr.,* p. 107. — Léon Gautier, *La chanson de Roland,* p. 494.
3. Auberlin, *Textes,* p. 121 et 256.
4. Page 39.
5. Page 33.
6. Page 28.

En roman on trouve aussi la forme *aveir* [1] :

Quatre cens mille chevaliers pois *aveir*.

(Quatre cent mille chevaliers puis avoir.)

(*Ch. de Rol.*, v. 565.)

Le participe présent *ayant* vient de *habentem* par la chute du *b*. Le participe passé *eu* vient de *habitum*, par l'intermédiaire de *avut*, *aüt*, *eu*. On le trouve dans la *Chanson de Roland* sous la forme *oüd* (vers 267) et *oüt* (vers 864).

L'indicatif présent vient directement du latin, de même que l'imparfait, le prétérit, et le subjonctif présent. Nous remarquerons que, fidèle à l'étymologie, le roman ne mettait pas d'*s* à la première personne du singulier et conservait le *t* de la troisième. Ce *t* est quelquefois remplacé par un *d*.

Le futur *aurai* vient de *habere habeo*. L'infinitif roman était *aveir* ou *aver*; ce qui donnait j'*aver ai*, puis j'*avr' ai*, qui par vocalisation du *v* en *u* est devenu la forme actuelle. Le conditionnel se forme régulièrement : j'*aver ais*, j'*avr' ais*, j'*aurais* : « Je ne le lairoie tant que il l'*averoit* tout fait. » (JOINVILLE, LX, 300.)

L'imparfait du subjonctif se forme, comme dans les autres verbes, du plus-que-parfait du subjonctif latin. *Habuissem* devenu *aüssem* par la chute de l'*h* et du *b*, a donné *eusse*. Il existe sous la forme *oüsse* dans la *Chanson de Roland* :

Se il fust vif, jo l'*oüsse* amenet.

(S'il eût été vivant, je l'eusse amené.)

(Vers 691.)

Il y a en français quatre conjugaisons comme en latin ; mais elles ne se correspondent pas exactement : si notre première conjugaison en *er* correspond à la première du

1. « *Oir* est la dérivation régulière de *êre* dans le dialecte de l'Ile-de-France et de la Bourgogne ; en Normandie, *êre* avait produit *eir* ou même *er*. » (CHABANEAU, p. 110.)

latin en *are*, notre seconde en *ir* correspond à la quatrième latine en *ire*, notre troisième en *oir* à la deuxième latine en *ēre* (ē long), et notre quatrième en *re* à la troisième latine en *ĕre* (ĕ bref).

La *première conjugaison* compte 3620 verbes. Elle comprend :

1º Des verbes venant de la première conjugaison latine en **are** : *aimer* de *amare*; *chanter* de *cantare*; *sauter* de *saltare*, etc.;

2º Des verbes en **ere** qui s'y introduisent à partir du quatorzième siècle par dérivation savante :

a) en **ēre** (2º conjugaison latine), *ē* long, *absorbēre*, absorber;

b) en **ĕre** (3º conjugaison latine), *ĕ* bref, *tēxĕre*, tisser; *imprimĕre*, imprimer.

Le latin populaire n'observa pas toujours les règles de l'accent tonique; il en résulta que certains de ces verbes sont devenus en français des verbes de la première conjugaison. Ainsi *persuadēre* (persuader), devrait donner *persuadoir* comme *movēre*, mouvoir, *solēre*, souloir[1]. *Afflĭgĕre*, *imprimĕre*, ont donné en violant les règles de l'accent tonique *affliger*, *imprimer*. Cela vient de ce que ces verbes sont de formation savante. Ainsi *imprimĕre* a donné par dérivation savante *imprimer*, et par dérivation populaire *empreindre* (*imprim're*); *gémĕre*, qui a donné *gémir* par dérivation savante, a donné *geindre* (*gem're*) de dérivation populaire[2].

Tousser est le seul verbe de la première conjugaison française qui appartienne à la quatrième conjugaison latine, il vient de *tussire* et devrait être *tussir*.

La *deuxième conjugaison* (350 verbes) dérive :

1º de verbes en **ire** (4º conjugaison latine) : *audire*, ouïr;

2º de verbes en **ēre** (2º conjugaison latine) : *florēre*, fleurir;

---

1. *Souloir* signifie *avoir coutume* : « Selon ce que je *souloie*. » (GERSON.) — « Dont il *souloit* passer. » (LA FONTAINE.)
2. Sur ce *d* intercalaire ou *épenthétique*, V. p. 44.

3° de verbes en **ĕre** (3ᵃ conjugaison latine) : *colligĕre*, cueillir ;

4° de verbes inchoatifs latins[1] en **esco, isco**, qui nous donnent la syllabe **is, isse**, qui s'intercale à différents modes entre le radical et la terminaison : *je florissais* vient de *florescebam* et non de *florebam*, *fleurissant* et *florissant* viennent de *florescentem* et non de *florentem*.

Remarquons que ces formes en *is* et en *isse* ne se trouvent ni à l'infinitif, ni au futur, ni au conditionnel qui ont conservé la forme simple : *florere*, fleurir ; *floresco*, je fleuris ; *florere habeo*, je fleurirai. Cette forme en *is*, *isse* n'appartient donc qu'à cinq temps qui sont : le *présent* et *l'imparfait de l'indicatif*, le *présent du subjonctif*, *l'impératif* et le *participe présent*[2].

Cette addition du suffixe *is*, *isse* peut faire diviser les verbes de la deuxième conjugaison en deux groupes :

1° Ceux qui empruntent ce suffixe, et qu'on pourrait appeler irréguliers ;

2° Ceux qui n'admettent pas cette syllabe et se tirent régulièrement des verbes ordinaires latins.

Mais comme les verbes qui empruntent le suffixe en question sont les plus nombreux, 329 environ, on les a considérés comme seuls verbes réguliers, tandis que les autres moins nombreux ont passé pour irréguliers.

Quelques verbes possédaient dans la vieille langue la forme simple concurremment avec la forme inchoative : ainsi le latin *implent* donnait la forme (ils) *emplent*, et *implescunt* la forme actuelle (ils) *emplissent*.

La *troisième conjugaison* correspond à la deuxième latine en **ēre** (ē long), et comprend quelques verbes de la troisième en **ĕre** (ĕ bref) : *movēre*, mouvoir ; *fallĕre*, falloir. Elle compte une trentaine de verbes.

La *quatrième conjugaison* compte 60 verbes. Elle comprend :

---

1. On appelle verbes *inchoatifs* ceux qui indiquent le commencement, puis la continuité, l'accroissement de l'action exprimée par le radical verbal.

2. La forme *isse* de l'imparfait du subjonctif vient de *ivissem*, contracté en *issem*, qui appartient au plus-que-parfait du subjonctif latin.

1° Des verbes de la deuxième conjugaison latine en **ēre**
(*ē* long);

2° Des verbes de la troisième en **ĕre** (*ĕ* bref).

Régulièrement les verbes en *ēre* seuls auraient dû concourir à former cette conjugaison; mais une faute de quantité amena un déplacement de l'accent tonique : le peuple, en confondant les verbes en *ēre* et ceux en *ĕre*, les accentua tous de la même manière; ce qui fit que *rīdēre*, *mordēre*, accentués sur la pénultième dans le latin classique, le furent sur l'antépénultième dans le latin populaire, et au lieu de donner *ridoir*, *mordoir* (comme *habēre* donna *avoir*, *movēre*, *mouvoir*), ils devinrent *rire*, *mordre*, comme s'ils venaient de **rĭdĕre*, **mórdĕre*.

Cette quatrième conjugaison ne diffère de la troisième que par la forme de l'infinitif, et ces différences viennent d'une altération du radical et non d'un changement dans la flexion [1] :

> rire, riant, ri, etc.
> falloir, fallant, fallu, etc.

Chaque personne du singulier et du pluriel d'un verbe latin avait sa désinence propre que l'on retrouvait dans tous les temps du verbe. Ainsi à l'actif, au singulier, toutes les premières personnes étaient terminées par *o*, *i* ou *m*; toutes les secondes par *s*, etc. Les désinences du passif latin ne persistèrent pas en français, puisque le passif français est formé analytiquement de l'auxiliaire *être* et du participe passé du verbe.

En passant en roman, la première personne latine perdit sa voyelle finale : *amo*, *j'aim*, *rendo* (pour *reddo*), *je rend* :

> E dit à l'cunte : « Je ne vus *aim* nient.
>
> (Et dit au comte : je ne vous aime pas.)
> (Ch. de Rol., v. 327.)

Plus tard, un *e* s'ajouta à la première personne de la

---

1. Brachet, *Grammaire historique*, p. 203.

première conjugaison et un *s* à celle des autres conjugaisons, bien qu'étymologiquement rien ne justifiât cette
addition : *j'aime, je rends, je vois.* Cet *s* a été ajouté par
analogie avec la seconde personne. L'usage de ne pas
mettre d'*s* à cette première personne s'est conservé en
poésie, non pas par licence, mais par souvenir de l'ancienne langue : nous trouvons dans Corneille, Racine,
Boileau, Molière, La Fontaine, Voltaire, je *voi*, j'*aperçoi*,
je *doi*, sans *s*. C'est dans la première partie du seizième
siècle que s'était établi l'usage de mettre un *s* à cette première personne.

La seconde personne du singulier en latin était terminée
par un *s*, excepté à l'impératif : *amas*, tu *aimes; ama*, *aime*.
Elle a persisté en français; elle s'ajoute même à l'impératif de la première conjugaison par euphonie quand le
verbe est suivi des mots *en, y* : *Vas-y toi-même.* Les impératifs des autres conjugaisons l'ont prise probablement
par analogie avec la seconde personne des temps des
autres modes.

La troisième personne était terminée par un *t : amat,
legit;* ce *t* persista en roman : il *aimet*, il *portet* (*portat*);
il *recevrat* (*recipere habet*); il *rendrat* (*reddere habet*).

Pour bien ferir l'emperere nus *aimet.*

(Parce que nous frappons bien l'empereur nous aime.)
(*Ch. de Rol.*, v. 1092.)

Il a persisté à l'indicatif présent et imparfait dans toutes
les conjugaisons, excepté au présent de la première.

Cependant il reparaît par raison d'euphonie dans les
verbes conjugués interrogativement lorsqu'ils sont placés
devant un mot commençant par une voyelle : aime-*t*-il,
recevra-t-on; mais on le sépare du verbe et du mot suivant par un trait d'union. Si le radical du verbe est terminé par un *d*, on n'ajoute pas de *t : rend-il.*

La troisième personne du singulier de l'imparfait du
subjonctif prend un accent circonflexe sur la terminaison
par suite de la disparition de l'*s* étymologique. *Qu'il aimât*

est pour qu'il *aimast*, qui vient de *amasset* (plus-que-parfait du subjonctif), qu'il *finît* est pour qu'il *finist*, de *finisset*.

Au pluriel, nous retrouvons les désinences latines, avec cette particularité que l'influence de la première conjugaison a été prépondérante.

Ons a remplacé *amus* (première conjugaison) et sert pour toutes les autres[1]. Il est probable que dans *emus*, *imus*, l'*e* et l'*i* se sont nasalisés de la même façon que l'*a*, et que, prenant un son vague, ces terminaisons *emus*, *imus*, sont devenues *ons*, aidées en cela par l'analogie avec la première conjugaison.

Ions vient de *emus :* que nous *aimions*, *amemus*.

Ez vient de *atis ;* vous *aimez*, *amatis*. Le *z*, comme nous l'avons vu[2], figure la prononciation de *ts : amát's*. Comme pour la première personne, cette terminaison s'est généralisée pour toutes les conjugaisons.

Iez vient de *etis : ametis*, que vous aimiez.

Enfin la terminaison *nt* de la troisième personne du pluriel est absolument la terminaison latine : *amant*, ils aiment.

Remarquons que, d'après l'étymologie, *ons*, *ez*, ne conviennent qu'au présent de l'indicatif ; *ions*, *iez*, au présent du subjonctif de la première conjugaison. Ces terminaisons se sont étendues à d'autres temps et à d'autres conjugaisons.

Le seizième siècle écrivait : nous *aimasmes*, nous *finismes*. Cet *s* avait été intercalé sans doute par analogie avec la seconde personne *vous aimastes* (*amastis*), vous *finistes* (*finistis*) ; il a disparu de nos jours, et a été remplacé par un accent circonflexe : *aimâmes*, *finîmes*, *aimâtes*, *finîtes ;* mais, à proprement parler, dans *aimâmes*, *finîmes*, il tiendrait plutôt la place du *v* latin de *amavimus*, *finivimus*. De même dans la troisième conjugaison, il signale

---

1. *Ons* vient de *omes*, qui, suivant l'opinion la plus généralement admise, a été formé de *amus* (*amámus*, *aimomes*) par analogie avec *sommes* de *sumus*, qui, en patois, est devenu *sons*. M. Chabaneau pense cependant que l'*a* s'est changé en *o* sous l'influence de la nasale *m*. (*Hist. et théorie de la conjugaison française*, p. 45.)

2. Page 61.

la disparition d'autres lettres : *recepimus*, nous *reçûmes*, *reddidimus*, nous *rendîmes*, qu'on écrivait aussi au seizième siècle : nous *recusmes*, nous *rendismes*.

Bien qu'à la troisième personne du pluriel il y ait aussi disparition de lettres (*aimèrent*, *finirent* viennent de *amarunt*, *finierunt*, contractés pour *amaverunt*, *finiverunt*), l'usage n'a pas adopté l'accent circonflexe.

Passons aux modes impersonnels, l'infinitif et le participe.

L'infinitif, dans la première conjugaison, était généralement en *er*. Cette forme a prévalu sur les autres que l'on rencontre en *eir*, *ier*, *yer*. Cette terminaison n'était probablement pas muette comme aujourd'hui; car on la trouve rimant avec des substantifs dans lesquels l'*r* s'articulait.

La deuxième conjugaison se termine en *ir* dans tout le roman.

La troisième conjugaison adopta définitivement la forme *oir* usitée en Picardie; la quatrième eut partout la forme *re*, excepté quelquefois en Normandie où elle avait la forme *er*.

On employait souvent l'infinitif à la place de la seconde personne du singulier de l'impératif, surtout quand la phrase était négative[1] :

> Chier fils, ne t'*accompaignier* mie
> A home de malvese vie.

(Cher fils, ne fréquente point homme de mauvaise vie.)

> Damnes Deus pere, n'en *laissier* hunir France.

(Seigneur Dieu le père, ne laissez pas honnir la France.)
(Ch. de Rol., v. 2337.)

Cet usage de l'infinitif était fréquent en grec, et nous le conservons encore dans certains cas.

L'infinitif employé comme substantif avec l'article prit aussi l's au cas-sujet : « Li *parlers* pas ne nous anuit. » (RUTEBEUF.)

---

1. Burguy, *Grammaire de la langue d'oïl*, tome Ier, p. 200.

Cet emploi de l'infinitif s'est conservé jusqu'à nos jours;
il vient du grec :

> Laissez dire les sots, le *savoir* a son prix.
>   (LA FONTAINE, *Fables*, VIII, 19.)

> ..... Vendre le *dormir*
> Comme le *manger* et le *boire*.
>   (ID., *Fables*, VIII, 2.)

« La paix nous devenait nécessaire, comme le *manger*
et le *boire*. » (VOLTAIRE, *Corresp.*, t. VIII, p. 374.)

Il était très fréquent dans l'ancienne langue [1]. Quelques
infinitifs sont encore employés comme de véritables substantifs : le *dîner*, le *coucher*, les *êtres*, les *vivres*. *Loisir*,
maintenant substantif, était un infinitif venant du latin
licere, avoir le droit, le pouvoir; *plaisir* était une forme
parallèle à *plaire* [2].

Enfin on se servait absolument de l'infinitif pour exposer
les faits d'une manière vive ou pour décrire un état; il
remplace alors le parfait. C'est l'infinitif historique des
Latins ou *infinitif de narration*, que l'on a toujours
cherché à expliquer par l'ellipse des verbes *se hâter*, *commencer* :

> Et li sengliers se couche et cil de *grater*.
>   (Roman des sept sages de Rome.)

> Grenouilles aussitôt de *sauter* dans les ondes,
> Grenouilles de *rentrer* dans leurs grottes profondes.
>   (LA FONTAINE, *Fables*, II, 14.)

Le *participe présent* réunit la double nature des participes latins en *ans* et en *ens* et du gérondif en *andum* et
endum.

Dans les quatre conjugaisons il est terminé en *ant* qui

---

1. Ant. Benoist, *De la syntaxe française entre Palsgrave et Vaugelas*,
p. 44 et 64.
2. Voir p. 25.

vient du cas-régime *antem*. S'il venait du cas-sujet, il serait terminé en *e* muet (*infans*, *enfe*). Nous remarquons que cette terminaison en *antem* est celle du participe de la première conjugaison qui a éliminé celle des autres qui était *entem* et aurait donné *ent*.

Dans les premiers temps de la langue, le participe présent prenait *s* au cas-sujet masculin.

Jusqu'au dix-septième siècle, le participe présent s'accorde en genre et en nombre. La grammaire générale de Port-Royal (1660) voulut (chap. xxii) que le participe présent indiquant une action restât invariable, et c'est en 1679 que l'Académie française a décidé que le participe présent serait indéclinable.

Quant à la construction du participe présent avec la préposition *en*, elle remonte au latin et correspond au gérondif en *do* précédé de la préposition *in*.

Le participe passé obéissait à la règle de l'*s* comme l'adjectif ou le substantif. Au cas régime singulier, dans les quatre conjugaisons, il était terminé par un *t* ou un *d*. Ainsi le participe *présenté* s'écrivait *présentet* ou *présented*, d'où le féminin : *presentete* ou *presentede*. Cet usage dura pendant tout le treizième siècle, quoique, à partir de 1250 environ, on trouve des exemples de sa suppression :

> La vint coraut comme femme *forsenede*,
> Batant ses palmes, cridant, *eschevelede*.
>
> (Vie de saint Alexis.)

(Elle vint courant comme une femme qui a perdu l'esprit, frappant des mains, criant, échevelée[1].)

L'accord du participe passé avec le régime n'était pas soumis aux mêmes règles qu'aujourd'hui; jusqu'au quinzième siècle, la place du complément était tout à fait indifférente.

1. Auberlin, *Textes*, p. 11.

Du temps de Marot (1495-1544), elle paraît commencer à s'établir :

> Enfants, oyez une leçon :
> Notre langue a cette façon
> Que le terme qui va devant
> Volontiers régit le suivant.....
> Et ne faut point dire en effaict ;
> Dieu en ce monde les a *faict*,
> Ne nous a *faict* pareillement,
> Mais nous a *faicts* tout rondement.

Il y a eu dans notre langue deux couches de participes passés : les uns qu'on a appelés participes *forts*, *intensifs*, *de première formation*, étaient terminés par une consonne ; les autres appelés participes *faibles*, ou *extensifs* ou de *seconde formation*, dérivent des premiers. Les participes forts ont disparu de la conjugaison, mais plusieurs d'entre eux sont restés comme substantifs, surtout comme substantifs féminins. En voici quelques-uns[1] :

Participes latins.	1re forme restée comme substantif.	2e forme restée comme participe.
(1re conjugaison latine)		
implicitam,	emplette,	employé,
explicitum,	exploit,	éployé ;
(2e conjugaison latine)		
mótam,	meute,	mue ;
emótam,	émeute,	émue ;
intórtam,	entorse,	»
tórtum,	torse[2],	tordu ;
responsam,	réponse,	répondue ;
debitam,	dette,	due.
(3e conjugaison latine)		
defénsam,	défense,	défendue ;
téntam,	tente,	tendue ;

---

1. Nous empruntons cette liste à la grammaire de M. Brachet.
2. Par l'intermédiaire de l'italien *torso*.

(et ses composés)

rédditam,	rente,	rendue ;
péndilam,	pente,	pendue ;
suspéndilam,	soupente,	suspendue ;
vénditam,	vente,	vendue ;
pérditam,	perte,	perdue ;
quaésitam,	quête,	(pas de participe.)
requisitam,	requête,	requise ;
inquisitam,	enquête,	enquise ;
conquísitam,	conquête,	conquise ;
recéptam,	recette,	reçue ;
punctam,	pointe [1],	pointue ;
cursam,	course,	courue ;
ruptam,	route,	rompue ;
electam,	élite,	élue.

Le substantif *source* et son composé *ressource* viennent du participe du verbe *sourdre* (*súrgĕre*).

Du reste beaucoup de substantifs viennent de participes qui sont encore employés comme substantifs : un *dit*, un *fait*, un *reçu*, un *réduit*, des *allées* et *venues ;* une *contrainte*, une *destinée*, une *découverte ;* une *issue ;* une *sortie*, une *pensée*, etc.

CHAPITRE XI

Le nom même de l'*adverbe* semble indiquer sa fonction principale d'être près du verbe (*ad verbum*), d'accompagner le verbe. Mais ce n'est pas sa seule fonction, car il se met aussi devant les adjectifs et même devant un autre

---

1. Ce mot *pointe* est resté comme participe dans *courte-pointe* de *culcita puncta*. *Culcita* était une sorte de matelas rempli de bourre, de laine, ou de plume.

adverbe. C'est un mot, ou quelquefois une réunion de mots, qui se place avant ou après l'adjectif, le verbe, ou un autre adverbe, et quelquefois même avant un substantif (*un homme vraiment homme*), pour marquer quelque qualité, quelque manière, quelque circonstance de ce qui est signifié par l'un ou par l'autre, c'est-à-dire pour y ajouter une idée de manière, de quantité, de temps, de lieu, etc. « L'adverbe est donc, à proprement dire, un attribut d'attribut; il se rattache à la classe des adjectifs. Mais il diffère de ces derniers : 1° parce qu'il est indéclinable; 2° parce qu'il ne modifie pas directement la nature même du sujet ou substantif, mais seulement une de ses qualités [1]. »

Les adverbes français viennent directement du latin en suivant les règles ordinaires de dérivation; les uns sont des mots simples, formés souvent de plusieurs mots latins (*ici*, *ecce hic*), les autres sont composés de deux mots français, quelquefois de trois : *de — dans, de — hors, à l'entour.* Quelques-uns sont des prépositions employées adverbialement : *avant, devant, derrière, dessus, dessous, depuis,* etc.

Les adverbes de lieu sont : *ici* (ecce hic), *là* (illac), *çà* (ecce hac), *où* (ubi), *avant* (ab ante), *devant* (de ab ante), *loin* (longe), *partout* (per totum). *Céans* (ecce hac intus) était en vieux français *caiens* ou *caens*; il signifie *ici dedans*; il avait pour opposé *léans* (illac intus) qui signifiait *là dedans* : « Il me dit que se je vouloie, que il orrait *léans* la messe... » (Joinville, cxv, 588.)

Les substantifs *amont, aval,* construits avec *en* forment une locution adverbiale : *en amont, en aval. Amont* vient de *ad montem,* du côté de la montagne, en remontant vers la source du fleuve; *aval,* de *ad vallem,* en suivant la vallée. Le verbe *avaler,* qui en dérive, a donc changé de sens dans la langue moderne; il signifiait simplement *descendre;* il signifie maintenant *faire descendre* dans le gosier.

---

1. Egger, *Grammaire comparée,* p. 100.

Environ est composé de *en* et *viron*, substantif venant du verbe *virer*, tourner. *Environ* signifie donc *autour de*.

Les adverbes de temps suivants viennent d'un ou plusieurs mots latins : *hier* (heri), *souvent* (subinde), *tard* (tardum), *tôt* (toi cito); *encore* (hanc horam), *jadis* (jam dies), *lors* (illam horis), *puis* (post), *quand* (quando), *demain* (de mane). Ce dernier adverbe nous a donné le substantif *lendemain* : 1º par addition du suffixe *en*, venant de la préposition *in*; 2º par prosthèse de l'article *le*[1], qui s'est soudé au mot de manière à nécessiter la répétition de l'article : *le lendemain*. Dans la vieille langue on trouve l'*endemain* : « Ensi sejournerent en cel palais l'endemain. » (Villehardouin, 136.) — *Hui* de *hodie* (hoc die, ce jour) a formé *aujourd'hui*, pléonasme qui signifie *au jour de ce jour*. Il était employé seul anciennement : « Com raconte li evangiles d'*ui*. » (Maurice de Sully[2].)

D'autres adverbes de temps sont, comme *aujourd'hui*, formés de plusieurs mots français déjà dérivés de mots latins : *maintenant* (main tenant, manu tenente), *bientôt* (bien, tôt), *aussitôt* (aussi, tôt), *quelquefois* (quelque, fois; ancien français : *feis, fes, ves* du latin *vice*), *autrefois* (autre fois, altera vice), *ensuite* (en suite), *désormais* (dès, or de *hora*, mais de *magis*); *tantôt* (tant, tôt), *déjà* (dès, jà, qui vient de *jam*). — *Jamais* (jam magis); *jamais* était remplacé dans l'ancienne langue par *unkes, unches, oncques* (unquam) :

> *Unkes* nuls hum tel chevalier ne vit.
>
> (Jamais on ne vit tel chevalier.)
>
> (*Ch. de Rol.*, v. 2888.)

— « Si grand duel (deuil) en mena, que de dous jours on ne pot *onques* parler à li. » (JOINVILLE, 603.) L's de *onques* n'est pas étymologique. — *Alors* (à lors); *lors* se retrouve dans *dès-lors, pour lors; lorsque*, qui s'écrivait en deux mots et était séparé quelquefois par d'autres mots : *lors*

---

1. Voir page 48.
2. Aubertin, *Textes*, p. 280 et 256.

est pour *l'ores*, cas-sujet de *hora*, avec prosthèse et soudure de l'article et addition de l's. — *Toujours* (tous, jours) a remplacé *sempres* (semper) qui avait le sens de *sur-le-champ, toujours* (*Ch. de Rol.*, v. 49, 2954, 3439, 1255). L's de *sempres* n'est pas étymologique et a été ajouté par analogie avec *certes, volontiers*, venant de *certis, voluntariis*. — *Auparavant* (au, par, avant). — *Longtemps* (long, temps) s'est écrit et s'écrit encore quelquefois en deux mots : « C'est par là que j'espère obtenir de Votre Majesté le pardon du *long temps* que j'ai attendu à lui rendre cette sorte d'hommage. » (CORNEILLE, dédicace de *Polyeucte*.) — « D'autres destinées l'arrachaient pour un *long temps* à cette habitude littéraire. » (SAINTE-BEUVE.) — *Dorénavant* (d'ores en avant). *Tandis* (tam dies), avait anciennement le sens de *pendant ce temps*[1].

> *Tandis* tu veux donc vivre en d'éternels supplices ?
> (CORNEILLE, *Clitandre*, II, 5.)

Naguères, composé de la négation *ne*, du verbe *a*, et de l'adverbe de quantité *guères*, est pour *il n'y a guères* (sousentendu : *de temps*). *Guères*, qui remonte au haut allemand, signifiait, dans le vieux français, *beaucoup*; il était usité avec ce sens encore au dix-septième siècle : « Car ce qui fait que l'on n'est pas quelquefois assez instruit dans l'histoire de ses ancêtres est que l'on n'a jamais *guère* vécu avec eux. » (PASCAL, *Pensées*, art. 15, fragment 16.)

> Li quens Rollanz ne li est *guaires* loing
> (Le comte Rolland n'est pas fort loin.)
> (*Ch. de Rol.*, 1897.)

> N'est *guères* granz ne trop nen est petiz.
> (Il n'est ni fort grand ni trop petit.)
> (*Id.*, v. 3822.)

Guères est encore employé dans ce sens dans la langue populaire actuelle : « Il n'y en a pas *guères*. »

---

1. Voir un long article sur ce mot *tandis* dans le *Lexique de la langue de Corneille* par F. Godefroy.

Les *adverbes de manière* dérivent : 1° d'un ou plusieurs mots latins, soit adverbes, soit substantifs; 2° d'un adjectif latin et de *mente*, ablatif du substantif *mens*, qualifié par cet adjectif.

1° Adverbes dérivés d'un ou plusieurs mots latins : *bien* (bene), *mal* (male), *mieux* (melius), *ainsi* (in sic), *ensemble* (in simul), *exprès* (ex, pressum), *gratis* (gratis), *à l'envi* (ad invitum, contre quelqu'un qui s'y oppose), *quasi* (quasi), etc. N'oublions pas les adverbes interrogatifs *pourquoi?* (pour, quoi), *comment?* (quo modo inde).

2° La formation des adverbes de manière en *ment* est une des particularités de la langue française. Ces adverbes sont composés de l'ablatif singulier *mente* du substantif féminin *mens*, esprit, et d'un adjectif qualifiant ce substantif : *honesta mente*, honnêtement, dans une disposition d'esprit honnête. *Ment* est devenu une terminaison commune à la plupart des adverbes de manière; on finit même par en oublier le sens étymologique, comme dans *premièrement, mentalement, spirituellement:* ces deux derniers contiennent deux fois le mot *esprit* qui en latin se rend, entre autres expressions, par *mens* ou par *spiritus.*

Dans la formation de ces adverbes, il faut considérer deux cas :

1° Ils viennent d'adjectifs latins qui ont pour le féminin une terminaison distincte de celle du masculin : *honesta mente*, honnêtement; *commoda mente*, commodément.

2° Ils dérivent d'adjectifs qui ont la même terminaison pour le masculin et le féminin; alors l'*e*, muet ou accentué, n'existe pas dans le corps de l'adverbe : *prudenti mente*, prudemment, *gentili mente*, gentiment. On trouvait ainsi dans la vieille langue *fortment* pour *fortement* (forti mente).

> E d'Olivier li peiset mult *forment.*
>
> (Et — le souvenir — d'Olivier lui pesait cruellement.)
>
> (*Ch. de Rol.*, v. 2314.)

— « Dont li legas se courrouça mout *forment* à moy (dont le légat me gronda fort). » (JOINVILLE, LXV, 328.)

Mais plus tard, vers la fin du quatorzième siècle environ, quand on forma le féminin dans tous les adjectifs par l'addition d'un *e* muet, on dit *fortement*, *grandement*, ou bien, on supprima le *t* final de l'adjectif, et on assimila l'*n* a l'*m*, comme dans *savamment*, *élégamment*.

Certains adverbes en *ment* sont dérivés d'adjectifs tombés en désuétude ou ont été formés par analogie : *notamment*, *nuitamment*, *sciemment* [1].

Il y a aussi quelques adverbes venant d'adjectifs employés absolument au masculin, ou, pour mieux parler, au neutre : chanter *juste*, voir *clair*, crier *fort*, etc. C'est un souvenir du latin et du grec.

Les *adverbes de quantité* sont : *assez* (*ad satis*), *peu* (*paucum*), *plus* (*plus*), *moins* (*minus*), *tant* (*tantum*), *autant* (*aliud tantum*, *altant*, vocalisé en *autant*) *très* (*trans*), *si* (*sic*), *tellement* (*tali mente*); *trop* que l'on rattache au mot *troupe*, dérivé du latin barbare **(roppus*, troupe d'animaux; *moult* (de *multum*), regretté par La Bruyère, a été remplacé par *beaucoup*, composé de *beau* et de *coup* (*colaphum*). *Davantage* est pour *d'avantage*; *presque* est composé de la préposition *près* et de *que*.

Les *adverbes d'affirmation* sont : *oui* (*hoc illud*), primitivement *oïl*, par suite de la chute de la consonne médiane *c*, et aphérèse de l'*h*. Il avait pour correspondant *nen-il* (*non illud*) qui a donné le français moderne *nenni*; *non* (*non*); *ne* (*non*); *si* (*sic*); *vraiment* (*vera mente*); *certes* vient de *certis*; *volontiers* de *voluntariis*; *voire* (*vere*) signifiait d'abord *vraiment oui*, puis *même*; il a disparu de nos jours. Ce mot était des plus usuels dans le langage familier avec le sens de *même*, ou avec celui de *vraiment*, plus voisin de l'étymologie :

> Et comme les Normands, sans lui répondre *voire*.....
>
> (RÉGNIER, Sat., III.)

« Pensez-vous que ce que vous me mandez de trois actes.

---

1. *Notamment* contient le participe *notant*, du verbe *noter*; *nuitamment*, le participe **noctans* que l'on trouve dans *pernoctans*; *sciemment* vient de *sciens* (participe du verbe *scire*, savoir) qui a donné *scient*, que l'on voit dans *conscient*, *inconscient*.

ne me rende pas curieux, *voire* impatient de savoir des nouvelles de ceux qui restent. » (CORNEILLE.)

Les *adverbes de négation* sont *nullement, aucunement,* formés du suffixe *ment* et de *nulle, aucune,* conformément au genre latin de *ment (mente).*

De même que nous disons de nos jours *fort comme Hercule, sourd comme un pot,* manière de parler où nous nous servons d'une comparaison pour confirmer notre jugement, nous disons encore : je n'en ai *pas.* Ce mot *pas* (de *passus,* enjambée) a dû d'abord servir de point de comparaison pour les distances : *je ne vais pas,* c'est-à-dire *je ne fais pas même un pas.* Puis, par extension, il a servi à exprimer fortement toute espèce de négation. *Point (punctum), brin, mie* (miette, *mica), grain, goutte* sont de même employés avec une valeur négative, quoiqu'ils n'en aient aucune par eux mêmes : « Sans *point* (un point) de doute. » (AMYOT, *Vie de Philopœmen.*) — « Il n'y a pas un *brin* de vent. » (SÉVIGNÉ, 433.) — « Tenez-vous dans la route commune, il ne fait *mie* bon être si subtil ni si fin. » (MONTAIGNE, II, 302.)

> Biaux chires leus, n'écoutez *mie*
> Mère tenchent chen fieux qui crie.
>
> (LA FONTAINE, IV, 16.)

> Ce fut mal raisonné :
> Ce cierge ne savait *grain* de philosophie.
>
> (ID., IX, 12.)

— « Hélas ! combien de grands docteurs qui ne voient *goutte,* croyant tout voir. » (FÉNELON.)

Mie, grain sont tombés en désuétude; *goutte* est resté dans les expressions *n'y voir goutte, n'entendre goutte.* Quant à *personne* et *rien,* nous en avons déjà parlé [1].

Les *adverbes de doute* sont : *peut-être,* abréviation de *il se peut être; à peu près* (à peu de chose près); *apparemment, probablement,* formés avec le suffixe *ment.*

La *préposition* sert à marquer la nature du rapport qui unit deux idées.

---

1. Pages 100 et 101.

Les prépositions françaises viennent : 1° d'une ou de plusieurs prépositions latines ; 2° de prépositions latines et d'adverbes, pronoms ou adjectifs ; 3° de substantifs, d'adjectifs, de verbes, de participes.

1° Prépositions françaises venant d'une ou de plusieurs prépositions latines : *à* (*ad*) ; *entre* (*inter*), *en* (*in*) ; *par* (*per*), *pour* (*pro*, avec transposition de l'*r*[1]), *sans* (*sine*, avec addition d'un *s*[2]), *vers* (*versus*) ; *sous* (*subtus*) ; *sur* (*super*). *Sur* a été primitivement *sour*, qui se retrouve dans *sourcil* (*supercilium*), et *sor* : « *sor tuz les altres.* » (*Ch. de Rol.*, v. 3962.) *Outre* (*ultra*). *Avant* (*ab ante*), *devant* (*de ab ante*), *puis* (*post*) qui a donné *puis-né*, devenu *puîné*.

2° Prépositions venant d'une préposition latine et d'un adverbe ou d'un pronom ou d'un adjectif : *dans* (*de intus*), anciennement *dens* ; *dès* (*de ex*) ; *derrière* (*de retro*) ; *sus* (de *susum* pour *sursum*) ; *dessus* (*de susum*) ; *sus* est inusité avec un complément dans la langue moderne ; mais il est resté dans les expressions *en sus de*, *courir sus* ; *dessous* (*de subtus*) ; *selon* (*sub, longum*) ; *parmi* (*per, medium*) ; il signifie étymologiquement *au milieu de* :

Je voudrais *parmi* un doux et discret ami.
(La Fontaine.)

3° Prépositions venant de substantifs, d'adjectifs, de verbes à l'impératif ou à l'un des participes :

Chez vient de *casa* qui signifie *maison* ; il s'employait primitivement avec la préposition *en* : *en chez quelqu'un*, dans la maison de quelqu'un. La préposition *en* disparut plus tard. — *Malgré* s'écrivait en deux mots dans l'ancien français ; il vient de *mal* (*malum*), *gré* (*gratum*). Nous avons vu[3] qu'il se trouvait aussi sous la forme vocalisée *maugré* qui a donné naissance au verbe *maugréer*, et à l'interjection *maugrebieu*, *maugrebleu* (malgré Dieu). — *Hors* vient de *foris*. Il était primitivement *fors* : « Tout est perdu *fors* l'honneur ; » il reste dans *forcené* pour *fors-scné*, qui est hors de sens.

---

1. Page 37.
2. Page 45.
3. Page 35.

Signalons la préposition *lez*[1] qui vient du substantif *latus*, côté, et qui n'est plus usitée avec le sens de *près de* que dans des noms de lieux : *Plessis-lez-Tours*.

L'adjectif *sauf* s'emploie souvent comme préposition : *sauf* meilleur avis ; il vient de *salvum*.

L'adjectif démonstratif *hoc* se retrouve dans *avec* de *apud hoc*. *Apud*, dans le bas-latin, avait le sens de *cum*, avec ; *apud hoc* est devenu *avec*, par la chute du *d*, le changement de *p* en *v*, la chute de l'*h*, phénomènes que nous avons déjà signalés ; *avoc* ainsi formé devint *aveuc*, parce que *o* non accentué devient *eu* quand il est bref :

> Nicolete est *aveuc* toi.
>
> (*Aucassin et Nicolette*[2].)

et vers le quatorzième siècle *aveuc* se réduisit en *avec*.

L'impératif du verbe *voir* a donné *voici*, *voilà*, pour *vois ici*, *vois là*; dans la vieille langue, l'impératif, à la seconde personne, n'avait pas d's, car il n'y en avait pas en latin : *voi* ou *voy*.

Le participe présent a formé *durant* (de durer), *pendant* (de pendre, dans le sens de *être en suspens*), *moyennant* (du vieux verbe *moyenner*, fournir un moyen, une aide), *nonobstant* (du latin *non obstante*, n'empêchant pas), *suivant* (de suivre), *touchant* (de toucher).

Le participe passé a donné *attendu* (de *attendre*, avec le sens du latin *attendere*, faire attention à), *excepté*, *ci-joint*, *vu*, *hormis* (composé de *hors* et de *mis*).

Notons le mot *rez* (*rasus*, de *radere*, effleurer, raser), qui est resté dans l'expression *rez-de-chaussée*, local qui est au ras de la chaussée.

Outre les prépositions proprement dites, il y a plusieurs expressions composées comme *vis-à-vis*, *autour de*, *à l'égard de*, *au travers de*. C'est ce qu'on appelle des *locutions prépositives*; chacun des mots composant cette locution perd sa valeur individuelle, et cet ensemble de mots ne rappelle plus qu'un seul rapport entre deux objets : *Vis-à-vis* (*visus*

1. Page 61.
2. Auberlin, *Textes*, p. 336.

ad visum) signifie *face à face*, *vis* voulant dire *visage* dans l'ancienne langue : « *Cors ad mult gent e le vis fier e cler*, » il a le corps très beau et le visage fier et clair. (*Ch. de Rol.*, v. 895.) *Autour de* est évidemment composé de *à le tour de*, etc.

Le nom même de *conjonction* (*conjunctio*, de *conjungere*, unir avec) indique suffisamment le rôle qu'elles jouent d'ordinaire. Ce sont des mots qui expriment la nature du rapport que nous concevons entre deux propositions. Elles ont donc, entre deux jugements, le même rôle que les prépositions entre deux idées d'un même jugement. Elles donnent non pas seulement une sorte de liaison au discours, ce que font aussi les prépositions et le verbe, mais elles désignent un rapport déterminé entre deux propositions, lequel rapport peut être aussi bien une idée de liaison, qu'une idée de séparation, d'exclusion. C'est ce qui a fait diviser les conjonctions en *copulatives* et *disjonctives* : *copulatives*, celles qui servent à unir ensemble les propositions et les pensées qu'elles expriment ; *disjonctives*, celles qui, dans le même temps qu'elles unissent les propositions, servent à diviser le sens ; quoique leur effet soit de diviser les choses et les personnes, ou plutôt de les distinguer les unes des autres, elles n'en servent pas moins à lier entre elles les diverses parties de la phrase ; ce qui leur a fait conserver le nom de *conjonctions*.

Pour étudier historiquement la formation des conjonctions françaises, nous les diviserons en deux groupes : les *simples*, celles qui sont exprimées par un seul mot français ; les *composées*, celles qui le sont par plusieurs.

Les conjonctions *simples* viennent :

I. D'un seul mot latin : *et* de *et* ; *ni* de *nec* : on employait autrefois *ne* pour *ni* :

> Ne du tout fol, encore ne sage...
> Je n'ay ne cens, rente, n'avoir.
> (VILLON[1].)

> — Ne plus ne moins que la statue de Memnon....
> (MOLIÈRE.)

1. Aubertin, *Choix de textes*, etc., p. 212.

Ou vient de *aut; si* de l'adverbe *sic; que* du relatif *quod* et de la conjonction *quam; donc,* peut-être de *ad tunc* [1]; *quand* de *quando. Mais* de l'adverbe *magis* qui signifie *plus,* sens qu'il avait dans la vieille langue et qu'il a conservé dans la locution *n'en pouvoir mais* et dans *désormais.* Il était remplacé, pour son sens actuel, en vieux français par *ains,* aussi regretté par La Bruyère.

Ains ou *einz* venait de *ante;* il eut deux significations :

1° Le sens étymologique de *avant :*

> Unc *einz* ne pois ne fut si forz e fière.

(Jamais *avant ce temps,* ni depuis lors, on n'en vit d'aussi forte ni d'aussi fière.)

> (Ch. de Rol., v. 3394.)

> *Ainz* que t'oüsse si'n fui molt desirrose ;
> *Ainz* que nez fusses si'n fui molt anguissose.

(Avant de t'avoir, je t'avais tant désiré; avant que tu fusses né, je fus si remplie d'angoisses [2].)

> (Vie de saint Alexis.)

2° Le sens de *mais :*

> Einz i ferai un poi de legerie.
> (Mais j'y ferai quelque folie.)
> (Ch. de Rol., v. 321.)

> EVA. — Il est mult francs.
> DIABOLUS. — *Ainz* est mult sers.

(Il est très indépendant. — Mais plutôt, il est très servile [3].)
> (Mystère d'Adam.)

— « Et il ne vout nullui croire, *ains* saillit en la mer. » (JOINVILLE, 8.)

Or, du substantif *hora* que nous avons déjà vu dans *désormais, dorénavant* (d'ores en avant).

II. De plusieurs mots latins : *aussi* de *aliud sic; comme* de *quo modo. Comme* s'est aussi employé pour *comment :*

---

1. Voir Littré, *Dictionnaire,* au mot *donc.* L'étymologie de ce mot est très controversée.
2. Aubertin, *Choix de textes,* p. 12.
3. *Id.,* p. 67.

« Je ne puis comprendre *comme*, dans son quatrième acte,
il lui faut achever les enchantements en place publique. »
(CORNEILLE, *Examen de Médée*.)

Comme y fournirez-vous quand il aura vingt ans.
(MALHERBE.)

Albin, *comme* est-il mort?
(CORNEILLE, *Polyeucte*, III, 5.)

Comme a-t-elle reçu les offres de ma flamme?
(ID., *Pompée*, IV, 3.)

Car de *quare*, avait deux sens : l'un, étymologique,
pour laquelle chose, c'est pourquoi : « Sire, *car* noz
menez (*Ch. de Rol.*, v. 358); l'olifant *car* sunez (v. 1059);
ne savoir ni *car* ni comment »; l'autre est celui qu'il a
encore de nos jours : « *Car* ne lur valt nient (v. 1840), car
cela ne leur sert de rien. » Il s'écrivait aussi *quar* et *kar*.
Dans Joinville, on le trouve pour *que : teix çar*, telles que
(II, 10); *il fu si loiaus car envers les Sarrazins*, il fut si
loyal *qu'*envers les... (CXLVII, 764).

Les conjonctions *composées* viennent de deux mots
français dérivés eux-mêmes du latin : *Cependant*, de *ce* et
de *pendant;* c'est-à-dire *pendant cela, pendant ce temps :*
« *Ce temps pendant*, Patelin vient aux entremets. » (ÉT. PAS-
QUIER, *Recherches*, VII, 59.)

Cependant que mon front au Caucase pareil.....
(LA FONTAINE, I, 22.)

Cependant que chacune, après cette tempête,
Songe à cacher aux yeux la honte de sa tête.
(MOLIÈRE, *l'Étourdi*, V, 14.)

De nos jours il est peu usité dans ce sens et signifie plutôt
toutefois, néanmoins. *Toutefois* vient de *toutes* et de *fois*
pour *voies;* il est en vieux français *toutes voies*. *Néanmoins*,
qui signifie *ne pas moins*, est composé de *néant* et de *moins*.
Néant vient de **necentem* et a le sens de *rien, nullement;* il
était *nient* avec ces deux sens dans la *Chanson de Roland*
(vers 787, 1600, — 327, 397) et dans Joinville (CXII, 578) :
« Vous vous traveilliés pour *nient*.» C'est de ce mot *néant*

que viennent *fainéant* (qui ne fait rien) et *anéantir* (réduire à rien).

Lorsque vient de *lors*[1] et de *que; puisque* de *puis* et de *que*. Ces deux conjonctions s'écrivent et se prononcent aussi en deux mots : *lors* donc *que, puis* donc *que* :

> Puis donc qu'on nous permet de prendre
> Haleine.....
>
> (RACINE, *les Plaideurs*, III, 3.)

Plutôt est formé de *plus* et de *tôt; quoique*, des relatifs *quoi* et *que; afin que*, de *à, fin, que;* on dit quelquefois *à seule fin que*.

L'interjection est un mot qui exprime avec rapidité un sentiment ou une idée, et qui ne se rattache aux autres mots par aucun lien grammatical. De là le nom d'*interjection* (*interjectio*, de *inter* et *jacere*, jeter entre), mot que l'on jette au milieu du discours[2].

Plusieurs grammairiens regardent les interjections comme les mots par excellence, comme la partie primitive et principale de cet ensemble de signes qui sert à communiquer au dehors tout ce qui se passe dans notre intérieur. Ce sont peut-être les premiers mots articulés dont les hommes se soient servis, et, maintenant, l'interjection peut être considérée comme une sorte de terme elliptique, qui, joint à certains gestes, à certains tons, supplée à des phrases entières qui exprimeraient la douleur, le mépris, l'étonnement : *ah! ouf! hé! fi!* « C'est incontestablement, dit A. Thurot dans sa traduction de l'*Hermès* de Harris, l'espèce de mots dont les hommes firent le plus d'usage, même avant l'origine des langues. Ces voix ou cris, qui sont les expressions naturelles d'un sentiment très vif de joie, de douleur ou d'admiration, se retrouvent les mêmes chez tous les peuples, et semblent être produits nécessairement en vertu de l'organisation de l'homme dans certaines circonstances. »

Il est évident que l'on ne peut remonter à l'étymologie.

---

1. Voir p. 122.
2. Egger, *Grammaire comparée*, p. 102.

de ces sons primitifs ; mais il y a des interjections qui sont de véritables phrases elliptiques dont il ne subsiste qu'un ou deux mots. Ainsi : *bon !* — *bien !* — *allons ! ferme !* — *patience !* — *miséricorde !* — *juste ciel ! grand Dieu !* — *hélas !* — *halte !* — *silence !* — *paix !* — *soit !* — *bonjour !* — *adieu !* etc., sont pour : c'est bon ; c'est bien, tenez ferme, ayez patience, faites-nous miséricorde, faites halte, faites silence, restez en paix, supposons que cela soit, je vous souhaite le bonjour, je vous recommande à Dieu, etc.

L'interjection *aïe* est peut-être le substantif roman *aïe* qui signifiait *aide*[1] :

> Chevalche, reis, bosuign avum d'*aïe*.
> (Chevauche, roi, nous avons besoin d'aide.)
> (*Ch. de Rol.*, v. 1619.)
> Si Diex n'en pense, grant mestier ont d'*aïe*.
> (Si Dieu ne s'en soucie, ils auront grand besoin d'aide.)
> (*Garin le Loherain.*)

En s'écriant *aïe !* c'est comme si l'on criait : *à l'aide !*

Remarquons cependant que cette interjection existait sous la forme *ai*, prononcée comme le français *aïe*, en grec et en latin. Les deux mots se seront confondus[2].

Hélas ! est composé de l'interjection *hé* et de l'adjectif *las ;* c'est comme si l'on disait : hé ! que je suis las, misérable !

Dans la chanson de Roland, la reine Bramimonde s'écrie :

> Que deviendrai, duluruse, caitive ?
> *Lasse !* que n'ai un hume ki m'ociet ! »
> (Que deviendrai-je, misérable, chétive ? Hélas ! que n'ai-je quelqu'un qui me tue !)   (v. 2722, 2924.)

On trouve dans l'ancienne langue le participe *dolent,* l'adjectif *chétif,* employés comme interjections :

> *Dolentas ! chaitivas !* trop y avem dormit !
> (Malheureuses ! chétives ! nous avons trop dormi.)
> (*Mystère des vierges folles.*)

---

1. Il est encore tel en patois : *donner un coup d'aïe* (ahi), dans le sens de faire un effort.

2. Si nous essayons de faire remonter l'interjection *aïe* au substantif *aïe* (aide), c'est pour expliquer la présence de l'*e* final ; mais il nous semble que *aïe* est plutôt un son primitif comme *ah*, *hé*, etc.

Dans le provençal, le mot *pécaïre* (du substantif *peccator*, pécheur) sert encore d'interjection.

L'exclamation *Dame!* est une abréviation de *dame Dieu*, *domine Deus*, seigneur Dieu ; elle correspond exactement à l'exclamation *Seigneur!* *Dame* se trouve dans la *Chanson de Roland* sous la forme *Damnes Deus* (*Dominus Deus*) au cas-sujet, et *Damne Deu* (*Dominum Deum*) au cas-régime : *Damnes Deus mal te duinst* (v. 1898), que le seigneur Dieu te donne mal (te maudisse). — *Ne placet Damne Deu!* (v. 357), à Dieu ne plaise!

On trouve aussi *Dame-Diex* au cas-sujet plus régulier, dans la *Chanson de Raoul* de Cambrai[1].

CHAPITRE XII

Sommaire: — Des éléments étrangers au latin qui entrent dans la formation de la langue française. — Conclusion.

Le latin populaire, en se transformant peu à peu, et en absorbant le gaulois et le tudesque, forma donc, par sa décomposition, la langue romane, dont un dialecte, celui de l'Île-de-France, le français, devint le seul usité. Plus tard, à partir du douzième siècle, d'autres langues, sans passer par l'intermédiaire du roman, fournirent au français des mots nouveaux qui s'y implantèrent tels quels.

La langue grecque, bien que très répandue dans la Provence, ne fournit presque rien à la formation populaire du français. Les mots grecs que nous trouvons dans notre langue nous sont venus, comme les mots celtiques et tudesques, par l'intermédiaire du latin, c'est-à-dire en revêtant une terminaison latine, et en subissant ensuite pour passer en français les lois subies par les mots latins. Ainsi *chère* vient du grec *kara* par l'intermédiaire du latin *cara*; *parole* vient de *parabolè* en passant par le latin *parabola*; *bourse* vient de *bursa* par le latin *byrsa*.

---

1. Aubertin, *Textes*, etc., p. 39.

Mais, à partir du douzième siècle environ, les savants, pour exprimer des idées ou des choses nouvelles, empruntèrent au **grec** comme au latin, les mots dont ils avaient besoin. Ces mots ne pénétrèrent pas tout d'abord dans la langue usuelle, et étaient aussi peu compris du peuple de ce temps que certains mots savants le sont encore de nos jours. Quelques-uns seulement datent du douzième siècle et du treizième; ils deviennent plus nombreux à partir du quatorzième, et enfin, depuis le seizième siècle, les emprunts faits à la langue grecque sont innombrables.

Outre les mots de formation populaire et de formation savante, le français a emprunté aux langues étrangères parlées encore de nos jours une nombreuse catégorie de mots, que le hasard y a introduits tout vivants.

Le **provençal**, qui avait eu une littérature florissante du onzième au quatorzième siècle, déchut de son rang littéraire à partir de 1272, lors de la réunion du Languedoc à la France, et devint un patois. Il a laissé au français un grand nombre de termes, comme : *carguer, cap, vergue, autan, mistral, — grenade, isard, ortolan, — barette* (comparer le béarnais *béret*), *bastide, — forçat, ménestrel, badin, troubadour, — cornaline, grenat,* etc.

Les guerres d'Italie sous Charles VIII, Louis XII, François Ier, sans oublier l'influence de la reine Catherine de Médicis, rendirent l'**italien** familier en France. Une foule de mots, jusque-là inconnus, s'introduisirent et restèrent dans notre langue : *escrime, bravoure, alarme, alerte, barricade, bastion, arquebuse, — courtisan, cameriste, bouffon, spadassin, — arlequin, polichinelle, charlatan, — arcade, balcon, baldaquin, balustrade, — aquarelle, fresque, maquette, — arpège, adagio, andante, piano, — bilan, agio, banqueroute, — escale, boussole, bagne, brigand, bandit, — macaroni, massepain, artichaut,* etc. N'oublions pas de très nombreux diminutifs.

Les guerres de la Ligue et le long séjour des armées espagnoles en France vers la fin du seizième siècle répandirent parmi nous la connaissance de l'**espagnol**, et cette invasion qui persista depuis le temps de Henri III jusqu'à la mort de Louis XIII laissa sur notre langue une assez forte empreinte. C'est de l'espagnol que nous viennent : *cannelle, vanille, indigo, tabac, tomate, tulipe,* — *épagneul* (chien espagnol), *mérinos, cochenille, anchois, pintade,* — *alezan, basané,* — *corridor, cassolette, galon, mantille, marmelade, caramel, chocolat,* — *guitare, castagnette,* — *sieste, domino, laquais, duègne,* — *embargo, cabestan,* — *adjudant, caserne, colonel, matamore.* — *hâbler* (du latin *fabulari* par l'intermédiaire de *hablar*); des colonies espagnoles d'Amérique nous viennent *créole, mulâtre, nègre, liane.*

Du **portugais** viennent : *auto-da-fé, chamade, coco, abricot* et des termes relatifs aux mœurs de l'Inde et de la Chine : *bayadère, mandarin, caste, fétiche.*

L'allemand moderne, à partir du seizième siècle, nous a fourni beaucoup d'expressions : *bivouac, blockhaus, colback, havre-sac, vaguemestre,* — *choucroute, trinquer, kirsch, élan, renne, vampire,* — *graver, estomper,* — *valser, édredon, bahut,* — *chenapan,* — *quartz,* etc.

Le **suédois** a donné *nickel;* le **flamand** : *colza, kermesse.*

L'anglais, grâce aux relations nombreuses entre l'Angleterre et la France, a introduit dans notre langue un très grand nombre de mots : *tender, rail, wagon, express,* — *drainer, drainage,* — *budget, jury, speech, club, meeting,* — *chèque,* — *spleen, humour,* — *redingote, plaid, châle,* — *bifteck* (beefsteak, tranche de bœuf), *rosbif* (roast beef, bœuf rôti), *grog, punch,* — *sport, turf, jockey, bouledogue, grom, stalle, whist, fashionable, toast;* — *croup,* — *dock, beaupré, cambuse, paquebot, poulie, square,* — *billet,* — *alligator,* etc.

Du **polonais** viennent : *polka, mazurka, calèche, sable* (terme de blason signifiant *noir*). Du **russe** : *knout, steppe, czar, cosaque;* du **hongrois** : *hussard, dolman, shako, horde;* de l'**hébreu** : *séraphin, chérubin, gêne, éden, pâques* (la plupart de ces mots hébreux nous sont venus par l'intermédiaire du latin); de l'**arabe** : *alcoran, almanach, bey, derviche, pacha, sultan, odalisque, cimeterre,* *narghilé, zénith, nadir, alcali, alcool, sirop, algèbre, zéro, chiffre; coton, taffetas, kiosque, divan, sofa, matelas, bazar; nacre, azur, hasard, café, amiral, échec, mat.* Bien que les Sarrasins aient fait un long séjour dans le midi de la France, du huitième au onzième siècle, leur langue n'a laissé aucune trace en français; tout au plus pourrait-on leur attribuer certains noms de lieux et de torrents : *Allevard, Bréda, Bens, Gleyzin.*

De l'**indien** nous viennent : *nabab, brahme, palanquin, jongle, bambou, pagode, paria,* etc.; du **chinois** : *thé, moxa* (opération chirurgicale); du **malaisien** : *orangoutang, casoar;* de l'**africain** : *zèbre;* de l'**américain** : *acajou, ananas, cacao, caïman, calumet, condor, panama, quinquina, tapioca,* etc.

Les mots d'**origine historique** sont peu nombreux; c'est le hasard qui les a introduits dans notre langue, et pour en reconnaître l'étymologie, il est inutile de remonter au latin ou au grec, c'est l'histoire qu'il faut interroger. Nous n'en citerons que quelques-uns :

Automédon, nom de l'écuyer d'Achille, devenu le nom commun par lequel on désigne quelquefois un cocher; il en est de même de *Phaéton,* nom du fils du soleil, ou pour mieux parler, du dieu grec Hélios :

> « Le phaéton d'une voiture à foin.
> (LA FONTAINE, VI, 18.)

Atlas était dans la mythologie grecque l'horizon où chaque soir le soleil disparaît; formé par la crête d'une montagne ou les limites extrêmes de la mer, il servait d'appui à la voûte céleste, il portait le ciel. Son nom désigne de nos jours un recueil de cartes géographiques.

Amphitryon, dont le nom signifie l'*infatigable,* désigne aujourd'hui la personne qui donne à dîner :

> Le véritable Amphitryon
> Est l'amphitryon où l'on dîne.
> (MOLIÈRE, Amphitryon, III, 5.)

Ces vers de Molière sont l'origine du sens moderne donné au nom d'un célèbre chef grec, mari d'Alcmène, mère d'Hercule. Le nom de *Sosie*, son valet, dont Mercure avait pris la figure, désigne maintenant une personne ressemblant parfaitement à une autre.

Assassin, corruption du mot *haschichin*, ou mangeur de *haschich*, sorte de drogue enivrante que le Vieux de la Montagne accordait comme récompense à ceux de ses satellites qui avaient le mieux exécuté ses ordres criminels.

Berline, voiture dont la mode vient de Berlin.

Barême, recueil de calculs d'intérêt faits par le mathématicien de ce nom (1640-1703).

Cachemire, nom d'un tissu de soie originaire de Kachemir, dans l'Hindoustan.

Canari, nom d'un oiseau, ressemblant au serin, et originaire des îles Canaries.

Cantaloup, sorte de melon cultivé particulièrement dans les jardins de Cantalupo (Italie), villa des papes.

Cognac, eau-de-vie fabriquée dans les environs de Cognac.

Cravate, partie de l'habillement emprunté aux soldats *Croates*. Au seizième siècle et au dix-septième, pour éviter l'hiatus on intercalait un *v* et on disait *cravates*. On trouve ce mot dans Voiture pour désigner les Croates et dans le nom du régiment *Royal-Cravate* pour *Royal-Croate*.

Dahlia, fleur dédiée au botaniste *Dahl* en 1760.

Dédale, nom du célèbre constructeur du labyrinthe de Crète, sert maintenant à désigner tout endroit d'où il est difficile de sortir à cause de la multiplicité et de l'enchevêtrement des chemins.

Dinde, nom d'un oiseau originaire de l'Inde. On disait un coq, une poule d'Inde.

Espiègle. Ce mot signifie en allemand (*Eulenspiegel*) *miroir de chouette*. C'était le nom d'un mauvais plaisant, Till Ulespiègle, dont les tours ont été réunis sous le titre d'*Histoire joyeuse de Till Ulespiègle* ou de l'*Espiègle*.

Fiacre, nom donné à des voitures de louage dont la station était à l'hôtel de Saint-Fiacre.

Fontange, nœud de ruban que les femmes portaient sur

leur coiffure et dont la mode vient de Mlle de Fontanges. Il en est de même de *bourdalou*, simple ruban qui remplaça sur les chapeaux les ornements exagérés, et que les dames adoptèrent à la suite d'un sermon sur le luxe prêché par le père Bourdaloue.

Grève : Place de Paris sur la grève ou le bord de la Seine, où se réunissaient les ouvriers sans ouvrage et ceux qui avaient quitté leurs patrons ; d'où : *être en grève, faire grève, se mettre en grève*.

Hermétiquement, fermé de manière qu'on ne puisse l'ouvrir. Allusion à la doctrine mystérieuse d'Hermès.

Jarnac, coup de Jarnac, coup porté à l'improviste et en dehors des règles, employé par le seigneur de Jarnac dans son duel contre la Châtaigneraie (1547).

Labyrinthe vient du latin *labyrinthus*, qui est d'origine historique et est la transcription latine du grec *laburinthos*, traduction de l'égyptien *lope-ro-hount*, palais magnifique élevé sur le bord du lac Mœris par Amenemhat III ; « c'était un vaste massif quadrangulaire d'environ deux cents mètres de long sur cent soixante-dix de large... Une fois dans l'enceinte, on se trouvait bientôt comme perdu au milieu d'un *dédale* de petites chambres obscures, toutes carrées, toutes recouvertes d'un seul bloc de pierre en guise de toit et reliées les unes aux autres par des couloirs si habilement enchevêtrés qu'un étranger sans guide ne pouvait en sortir. Il y en avait, dit-on, trois mille, dont moitié sous terre [1]. »

Louis, franc, napoléon, noms de pièces de monnaie venues du nom des princes dont elles portaient l'effigie ou du nom du peuple.

Lambiner, aller lentement, vient du nom de Lambin (mort en 1577), professeur au Collège de France, célèbre par la longueur et la lenteur de ses explications.

Méandre, détour, sinuosité, du nom d'un fleuve d'Asie-Mineure célèbre par les sinuosités de son cours.

Mercuriale, reproches ; lors de la rentrée du Parlement,

---

1. G. Maspéro, *Histoire ancienne des peuples de l'Orient*.

qui avait lieu le mercredi (*Mercurii dies*), l'avocat général prononçait un discours qui contenait souvent des conseils sévères pour les jeunes avocats.

Patelinage, allusion à la douceur mielleuse de M. Patelin, personnage d'une comédie célèbre du quinzième siècle, *Maître Patelin*, remise au théâtre en 1706 par Brueys et Palaprat.

Renard, nom donné à l'animal appelé en roman *vorpil* ou *goupil* (*vulpecula*). Le *goupil* portait le nom propre de *Reinhart* (rusé, cruel) dans le célèbre roman de ce nom (treizième siècle).

Tartuffe, hypocrite, nom immortalisé par Molière comme *Harpagon* (avare), de même que *Escobar* (homme faux et rusé) par Pascal, du nom du casuiste Escobar.

Vaudeville, pièce de théâtre en prose et en vers, primitivement chanson créée par Olivier Basselin (1350-1418), poète de Val-de-Vire en Normandie; etc., etc.

Les noms formés par *onomatopée* sont peu nombreux. On range dans cette classe les noms dont la prononciation imite le son de l'objet ou la voix de l'animal qu'ils désignent. Ainsi, *coucou*; *toucan*; *croasser*; *coasser*; *miauler*; *japper*; *tic-tac* de l'horloge, *glou-glou* de la bouteille, *cliquetis* d'armes, etc. On range dans cette classe les mots *papa*, *maman*, et ceux qui viennent d'interjections, comme *ébahir*, *huer*.

Enfin à peu près 650 mots résistent encore aux efforts que l'on a faits pour en trouver l'étymologie; on ne peut faire sur leur compte que des suppositions que la science vérifiera plus tard; ils sont d'*origine inconnue*.

En résumé[1] nous trouvons dans le français moderne :

1° Mots d'origine	inconnue	650
2° —	populaire	4260
3° —	étrangère	922
4° —	historique	40
5° Onomatopées		115
		5987

1. Brachet, Introduction du *Dictionnaire étymologique*.

Si des 27000 mots environ contenus dans le Dictionnaire de l'Académie on retranche le total des mots que nous venons de citer, il reste encore plus de 21000 mots qui ont été créés soit par le développement des mots primitifs (*créer*, créature, créateur, création ; procréer, récréer, etc.), soit par les emprunts faits directement par les savants au grec et au latin.

TABLE DES MATIÈRES

CHAPITRE VIII

CHAPITRE IX

CHAPITRE X

CHAPITRE XI

CHAPITRE XII

SAINT-CLOUD. — IMPRIMERIE V⁰ EUG. BELIN ET FILS.

www.ingramcontent.com/pod-product-compliance
Ingram Content Group UK Ltd.
Pitfield, Milton Keynes, MK11 3LW, UK
UKHW022040070726
13613UKWH00002B/602